Barbara Sichtermann

Viel zu langsam viel erreicht

Barbara Sichtermann

Viel zu langsam viel erreicht

Über den Prozess der Emanzipation

Für meine Schwester Marie Sichtermann,
die als Kind auf alle Bäume geklettert ist,
die hoch genug waren

Dieses Werk wurde vermittelt durch
Aenne Glienke | Agentur für Autoren und Verlage
www.aenneglienkeagentur.de

© 2017 zu Klampen Verlag · Röse 21 · 31832 Springe
www.zuklampen.de

Lektorat: Bettina Eschenhagen · Hildesheim
Satz: Germano Wallmann · Gronau · www.geisterwort.de
Umschlaggestaltung: Hildendesign · München · www.hildendesign.de
Illustration: © HildenDesign, Verena Rankl
Druck: CPI – Clausen & Bosse · Leck

ISBN 978-3-86674-556-8

Bibliografische Information der Deutschen Nationalbibliothek
Die Deutsche Nationalbibliothek verzeichnet diese Publikation
in der Deutschen Nationalbibliografie; detaillierte bibliografische Daten
sind im Internet über ‹http://dnb.dnb.de› abrufbar.

Inhalt

Vorweg: Die Fragestellung

Man möchte gerne drauflosleben. Man möchte einen Lebensweg finden und einschlagen, ohne lange über die Bedingungen der eigenen Möglichkeiten nachzudenken. Das Reflektieren stört eine Spontaneität, die mit der Vorstellung von Lebensfreude verbunden bleibt, auch wenn spontanes Handeln in Sackgassen und Kümmernisse führt. Ungute Erfahrungen sind es ja dann auch, die zum Reflektieren nötigen. Man möchte gerne einfach so da sein und sich behaupten und gar das Leben genießen, aber dieser Wunsch muss beständig kuschen, denn es gibt zu viele Bedingungen, die unsere Möglichkeiten definieren und beschränken und die wir deshalb verstehen müssen. Also beginnen wir, nolens volens, mit dem Nachdenken. Was ist unsere Stellung als Menschen im Kosmos? Was können wir in unserer unmittelbaren Wirklichkeit tun und gar ändern? Wo liegt unsere Freiheit, spontan zu handeln? Gibt es sie überhaupt? Wovon reden Frauen, wenn sie sagen, ihre Freiheit sei nicht verwirklicht, Gleichheit sei nicht garantiert? Und: Warum müssen sie das heute überhaupt noch sagen? Die letzten beiden Fragestellungen sind es, die uns im Folgenden beschäftigen.

Eins kann man inzwischen gut beobachten: Junge Frauen, die sich gegen Vorhalte und Forderungen älterer Frauen, doch entschiedener für die Gleichberechtigung einzutreten, wehren und sagen: Wir *sind* frei, wir können alles machen, lasst uns mit eurer Männerfeindschaft und eurem erledigten Feminismus in Ruhe, junge

Frauen, die nicht kämpfen, sondern leben wollen, setzen auf die Möglichkeit, spontan in die Welt hinauszufahren, ohne ihre Möglichkeiten allzu genau auf verschlossene Zugänge hin abzuklopfen. Und das ist richtig so! Wäre es anders, hätten die Älteren, also die Generation, die in den 1970er Jahren die Emanzipation ausrief, gar nichts bewirkt. Es waren die Erfolge der Neuen Frauenbewegung, die den Töchtern und Enkelinnen der jetzt gealterten Emanzen das unablässige besorgte Reflektieren über die Bedingungen ihrer Möglichkeiten erspart haben – und genau das wollten sie ja auch erreichen: dass ihre Töchter unter verbesserten Bedingungen ins Leben starten, unter der Fahne der Gleichberechtigung, ohne täglich dafür streiten zu müssen. Die jungen Frauen akzeptieren es denn auch nicht, dass ihr Wunsch, ein Leben als freie Frauen spontan zu leben, kuschen soll, nur weil die älteren von ihnen verlangen, ihre Möglichkeiten zu bezweifeln, da angeblich die Bedingungen immer noch nicht stimmen. *Gefühlt* haben die jungen Frauen unendliche Möglichkeiten, und die wollen sie nutzen, ohne sich mit Grübeleien über die Bedingungen den Schneid abkaufen zu lassen. Manche erkennen dann in der Mitte ihres Lebens, dass bei den Bedingungen doch noch so manches fehlt, andere wieder resignieren und finden sich ab, Hauptsache, es bleibt ihnen ein Rest spontaner Lebensfreude – allzu genaues Nachdenken trägt für sie nicht dazu bei. Aber auch die Emanzengeneration, die um die Mitte des vorigen Jahrhunderts geboren wurde, wollte ursprünglich nur ihren Lebensweg gehen und dabei möglichst viel Freude haben. Sie fand jedoch in der Zeit nach dem Zweiten Weltkrieg, als viele Bedingungen vieler Möglichkeiten neu verhandelt wurden, dass ihre Wege zu kurz und zu starr vorgezeichnet waren. Sie rebellierte. Sie stürzte vieles um und entwarf manches neu, was im sozialen Zusammenlebens für unverrückbar gegolten hatte. Das war eine große Leistung und eine tolle Zeit.

Auf dem umgegrabenen sozialen Gelände laufen die alten und die jungen Frauengenerationen nun heute mit sehr viel höheren Freiheitsgraden umher. Dass die Bewegung aber weitergehen muss, dass die Möglichkeiten noch immer nicht den denkbar besten Bedingungen entsprechen – das wissen die älteren Frauen, das ahnen die jüngeren, und das bestreiten die ganz jungen, weil diese zwischen gefühlten Freiheitsgraden und objektiv gegebenen noch nicht unterscheiden können. Weil die erkämpften und jetzt gegebenen Grade eben schon vieles ermöglichen und noch mehr versprechen. Wenn die jetzige Alt-Emanzen-Generation sich ganz zurückgezogen hat oder ausgestorben ist, wird die nachfolgende Generation vor demselben Dilemma stehen. Sie wird sich darüber freuen, wie rücksichtslos und spontan die jüngste Frauengeneration ins Leben hinausfährt, wird stolz darauf sein, die Bedingungen dieser neuen Möglichkeiten mitgestaltet zu haben, und sich zugleich darum sorgen, dass die noch unerledigten Aspekte der Befreiung übersehen werden könnten, dass ein Rollback nicht ausgeschlossen und dass die Jugend blind sei gegenüber der Notwendigkeit, die Errungenschaften zu verteidigen, um sie zu sichern. Und so wird es womöglich weitergehen.

Wie kommt das? Warum ist nicht mal irgendwann wirklich alles gut? Warum erscheint der Zeitpunkt, an dem frau sich zurücklehnen kann und sagen: Die Arbeit ist getan, so fern? Warum können wir – in absehbarer Zeit – als Frauen nicht wirklich spontan drauflosleben, wissend, dass die Gleichberechtigung nun kein Thema mehr sein muss? Bleibt am Ende die vollendete Emanzipation ein Wunschtraum, weil sie, so wie sie jetzt gedacht wird, gar nicht umsetzbar, weil sie eine Illusion ist? Oder

9

reicht es, wenn frau sich eingesteht, dass sie mit quasi unendlichen Zeiteinheiten zu rechnen hat? Vielleicht aber setzen wir auch nur die falschen Prioritäten ... Eine solche Einsicht: Es kann ewig dauern, bis die Freiheit der Frauen verwirklicht ist, und eine solche Furcht: Es geht vielleicht einfach nicht mehr weiter oder sogar zurück, die Einsicht und die Furcht müssen Gründe haben, welche sich benennen lassen. Das versucht der folgende Essay.

Kapitel 1: Kategorien

Die Art, wie sich die Menschen bewegen, wie sie gehen, sitzen, etwas suchen oder umhertragen, etwas mitteilen oder sich anhören, ist immer unterschiedlich: zum einen individuell, denn jeder, jede hat einen persönlichen Ausdruck. Aber auch geschlechtsbezogen, denn Männer und Frauen bewegen sich nicht gleich; schon von Weitem lässt sich auf der Straße erkennen, ob es ein Mann ist oder eine Frau, die sich nähert oder weggeht. So ist es auch mit Stimmen, die man hört, ohne die Sprechenden oder Rufenden zu sehen. Man weiß sofort: Es ist eine Frau, die ruft, oder: Es ist ein Mann. Die Irrtumswahrscheinlichkeit ist nicht groß, aber sie ist vorhanden. Es gibt Männer mit weicher Gestik und Frauen mit kantiger, es gibt Männer mit hoher Stimmlage und Frauen mit tiefer, und so kann man sich täuschen. Aber bezogen auf die große Zahl sind die Unterschiede deutlich und klar. Schließlich gibt es die Meinung, dass Männer sich mehr und mit größerer Kraft und Freude bewegen als Frauen, und es gibt die Beobachtung, dass männliche Stimmen weiter tragen und eine größere Entschiedenheit ausdrücken als weibliche. Das wären dann mit Werturteilen befrachtete Verallgemeinerungen, die zu Fragen führen, woher das alles kommt.

Die Antworten, die wir haben, sind umstritten. Manche führen die Neigung der Frauen, auf ihrem Sitz in der Straßenbahn die Beine überzuschlagen, und die der Männer, mit gespreizten Knien dazusitzen, auf den unterschiedlichen Bau der Gelenke bei den Geschlechtern zurück. Man kann aber auch argumentieren, dass Frauen dazu erzogen werden, wenig Platz zu einzunehmen, und deshalb die Beine überschlagen und dass Männer dazu ermutigt werden, viel Platz zu beanspruchen, und deshalb gern breitbeinig dasitzen. Bei den Stimmen sagt der Hinweis auf die unterschiedliche Anatomie des Kehlkopfes bei den Geschlechtern schon vieles – aber nicht alles. Der Ausdruck einer Stimme ist von vornherein dadurch gefärbt, welche Resonanz der sprechende, rufende oder singende Mensch erwartet. Und die kann, je nach dem, wie eine Gesellschaft die Geschlechterfrage beantwortet, ebenfalls sehr unterschiedlich sein. Angeborene Eigenschaften und epochentypische Erziehung, natürliche Anlagen und kulturelle Gepflogenheiten, genetische Ausstattung und gesellschaftliche Erwartungen – das ist immer alles zugleich da, eines durchdringt das andere, widerspricht ihm oder ergänzt es, bestätigt oder verändert es. Heraus kommt eine Art Kompromiss oder Mittelwert, weshalb es nichts bringt, das eine gegen das andere auszuspielen. Auch ist die Natur kulturell beeinflussbar und sozusagen dehnbar und die Kultur von der Natur abhängig, beeindruckbar und bildbar, was uns lehrt, beide Faktoren weniger in Opposition als in Relation zu sehen. Ein Mädchen, das auf Bäume klettert, kann ein Zeichen dafür sein, dass der weibliche Bewegungsdrang dem der Jungen naturgemäß in nichts nachsteht. Das kletternde Mädchen kann aber auch eine Ausnahme sein, es kann für den Bruch eines Tabus stehen oder für die Begründung einer neuen Tradition. Es kommt immer auf den Kontext an. Und zu dem gehören die natürlichen Voraussetzungen und kulturellen Standards der Vergangenheit ebenso wie die lebendigen Kompromisse der Gegenwart und die verschiedenen für die Zukunft erstrebten Veränderungen. Es ist also nicht so einfach, das Geschlechterverhältnis in der jeweiligen konkreten Situation zu verstehen und dann auch noch zu verändern.

Die beiden Kategorien, die unseren Gedankengang bisher strukturiert haben, heißen *Gleichheit* und *Verschiedenheit* (oder *Differenz*). Sind nicht die Bedürfnisse, Baumwipfel zu erklettern, bei beiden Geschlechtern gleich, nur die Bedingungen, die Mädchen und Jungs jeweils vorfinden, wenn sie klettern wollen, unterschiedlich? Oder sind auch die Bedürfnisse unterschiedlich? Sind sie bereits geschlechtsbezogen unterschiedlich oder nur individuell? Wünschen nicht beide Geschlechter, mit ihren Stimmen durchzudringen, wobei aber die Frequenzen, auf denen ihre Ausrufe schwingen, dem einen Geschlecht mehr, dem anderen weniger Kraft verleihen? Oder liegt der Unterschied im Gehör, das beide finden, nur an sozialen Parametern? Die Antworten auf diese Fragen sind oft schwer zu geben, manchmal kommt man überhaupt nicht dahinter, manchmal nur näherungsweise. Das Sich-Festbeißen an den Begründungszusammenhängen von Gleichheit und Verschiedenheit ist misslich, das Darüber-Hinweggehen erst recht. Was also tun? Es bleibt nicht viel mehr übrig als die konkrete Analyse der konkreten Situation samt ihrem geschichtlichen Hintergrund. Gehen wir also freiweg rein ins gedankliche Gelände.

Eine weitere Kategorie, die wir jetzt brauchen, um voranzukommen, ist die Kategorie der *Herrschaft*. Sie hat das Verhältnis der Geschlechter die gesamte menschliche Geschichte hindurch strukturiert, wobei die Männer das beherrschende Geschlecht waren und die Frauen das beherrschte. Epochen des Matriarchats, in denen es umgekehrt war, sind entweder mit den primitiven Gemeinschaften, in denen sie prägend waren, untergegangen oder bloße Legenden. Sie sollen uns hier nicht weiter kümmern. Wir beziehen uns auf die ausdifferenzierten

Gesellschaften der Moderne und ihre Vorgeschichte bis hin zur Antike, und hier finden wir überall die hierarchische Struktur im Zusammenleben der Geschlechter. Es waren (und sind) patriarchalische Gesellschaften, in denen der Mann entschied und die Frau ihm unterstand und von ihm abhängig war. Die Söhne wurden auf den Status des Oberhauptes der Familie vorbereitet, in allen Schichten, von ihren Vätern ebenso wie von ihren Müttern. Und die Töchter erzog man für ein Leben in Abhängigkeit von Vätern und Ehemännern. Nun könnte man den Schluss ziehen, dass angesichts einer so durchgängigen Geschichte der Herrschaft von Männern über Frauen während vieler Tausender von Jahren die Bereitschaft beider Geschlechter, es mit dieser patriarchalen Struktur gut sein zu lassen, als erwiesen gelte und man die Debatte schließen dürfe.

Dagegen spricht, dass das Geschlechterverhältnis als ein Herrschaftsverhältnis in der Vergangenheit und erst recht in der Gegenwart nie stabil war und ist und dass die Freiheitsgrade, die das unterworfene Geschlecht beansprucht hat, sich in Zahl und Bedeutung stets geändert und seit zweihundert Jahren kontinuierlich erhöht haben. Wir sind heute so weit, dass wir sagen können: Das Herrschaftsverhältnis soll als solches abgeschafft und nicht etwa umgekehrt werden. Die Männer haben ihre beherrschende Rolle ausgespielt, die Frauen wollen eine solche Rolle keineswegs erben, beide Geschlechter sollen als gleichwertig und gleichberechtigt anerkannt werden. So der Konsens in weiten Teilen der westlichen Gesellschaften. Der kleinere Teil dort und der größere im Rest der Welt, der unbelehrbar scheint und an den obsoleten Verhältnissen festhält, schießt quer, scheint aber – im Westen – auf dem Rückzug.

Es gestaltet sich nun der Prozess der Verabschiedung des überlebten Herrschaftsmodells ausgesprochen mühselig. Der Frauenbewegung, also der Avantgarde weiblicher Rebellion gegen den Herrschaftsanspruch der Männer und die entsprechend schiefe Machtverteilung in der Gesellschaft, wird immer wieder vorgehalten, sie habe sich verausgabt und keine neuen Ideen auf Lager. Die Situation der Frauen selbst hat sich zwar seit der Mitte des vorigen Jahrhunderts deutlich in Richtung Gleichheit verbessert, vor allem, was Ausbildungs- und Berufschancen betrifft, aber noch nicht wirklich umfassend erneuert. Die Fortwirkung alter Rollenmuster, besonders unter Frauen, die Mütter geworden sind, scheint ausgesprochen zäh. Ein Stocken der Freiheitsbewegung der Frauen, ja eine Gefahr der Rückentwicklung wird befürchtet. Das ist die Ausgangslage, an die wir unsere Fragen und Erwägungen für Antworten knüpfen wollen.

Wenn es stimmt, dass Traditionen und Gewohnheiten sich genetisch einschreiben in die Konstitution der Individuen – wo sie allerdings jederzeit wieder mit anderen Informationen überschrieben werden können –, wenn es stimmt, dass die alten Verhältnisse sich über die Zeit hinaus fortschleppen, in der sie vom Verstand und vom Erneuerungsbedürfnis der Menschen längst zum alten Eisen erklärt worden sind – und vieles spricht dafür –, dann haben wir als Frauen im Prozess der Emanzipation viel mehr zu tun, als nur gleiche Rechte zu fordern. Denn dann steckt die Herrschaft in ihren beiden Ausprägungen, der Dominanz und der Unterwerfung, der Prärogative und dem Gehorsam, dem Machtbewusstsein und der Bereitschaft zum Klein-Beigeben, in den winzigsten Verästelungen des menschlichen Zusammenlebens, des öffentlichen ebenso wie des privaten. Das hieße, dass wir einen Mann nicht nur deshalb an seinen Bewegungen erkennen, weil diese Bewegungen naturgemäß eckiger sind als die einer Frau, sondern auch, weil sie, soziokulturell begründet, stärker darauf aus sind, Folgsamkeit zu erwirken. Es hieße, dass wir eine weibliche Stimme auch deshalb von einer männlichen unterscheiden, weil sie im Unterton eine Tendenz zu dieser verlangten Folgsamkeit spüren lässt.

Das aber bedeutet, dass Herrschaft als Anordnung und Unterordnung – oder auch Auflehnung gegen die Erwartung, Unterordnung zu verlangen oder zu leisten – *überall* ist, dass wir gar nicht darum herumkommen, ihr alltäglich und an jedem Ort zu begegnen. Und wenn sie überall ist, ist sie auch schwer wahrnehmbar. Wird sie doch wahrgenommen, zeigt sie zugleich, wie verbreitet, wie fein verteilt in allen Aktionen und Reaktionen sie ist, wie ubiquitär, wie unweigerlich. Da kann schon das Gefühl einer Sisyphusarbeit aufkommen. Und zwar bei allen, die am Prozess der Emanzipation teilhaben, sei es als Vorantreibende oder Aufhaltende, als Subjekte oder Objekte, als Beobachtende oder Involvierte. Das verbreitete Gefühl von Überforderung einerseits: Es ist alles zu viel, und Unterforderung andererseits: Es ist doch längst alles gesagt, hat hier seine Ursache. Die Soziologieprofessorin Ute Gerhard hat die schwierige Situation folgendermaßen kurz in Worte gefasst: »Der Widerspruch zwischen Befreiung und Beschränkung, zwischen der Rede von der Emanzipation und tatsächlicher Unterordnung der Frau unter männliche Dominanz begleitet die Frauen- und Geschlechtergeschichte der Neuzeit seit der Französischen Revolution.«

Die Geschlechtscharaktere in den Jahrhunderten zuvor wiesen allerdings mannigfache Unterschiede auf, sie waren quasi gewichtet und ausgestaltet durch alle anderen Herrschaftsformen, die es in der jeweiligen Epoche gab. Die Dame am Hofe eines italienischen Renaissancefürsten lebte anders und gab sich anders als eine Bürgerin kurz vor der Revolution in Paris, und eine Kaufmannsfrau im mittelalterlichen Augsburg arrangierte

16

sich auf andere Art mit ihrem Gatten als dreihundert Jahre später eine Aristokratin am Zarenhof in Russland. Zu schweigen von den Unterschieden zwischen der Ehefrau eines arabischen Scheichs und einer amerikanischen Universitätsdozentin heute. Was sie aber fast alle eint, ist ihr Unterworfensein unter die Herrschaft von Männern, ist der Mangel an Freiheit, was das Fällen lebenswichtiger Entscheidungen betrifft. Die einzige Ausnahme bildet die Universitätsdozentin, sie kann ihr Leben bereits selbst gestalten. Und sie weiß, dass sie, ihren Fall hochgerechnet auf die weibliche Weltbevölkerung, eine Ausnahme ist.

Die historische Herrschaft der Männer über die Frauen war und ist je nach Zeit und Ort unterschiedlich ausgeprägt, aber sie ist als Herrschaft mit den typischen Einschränkungen, denen die Beherrschten ausgesetzt waren und sind, auch überall ähnlich. Das wurde von den Frauen selbst jedoch früher nur selten so gesehen. Die gefühlte Selbstverständlichkeit der männlichen Vorherrschaft verhinderte einen kraftvollen und einstimmigen Widerstand seitens der Frauen, und wo er aufkam, wurde er niedergemacht; das letzte Wort in all diesen Auseinandersetzungen sprach stets die Gewalt. Aber wie wurde sie legitimiert, wie kam es dazu, dass die Männer ihre Herrschaft so lange und so weitgehend unangefochten aufrechterhalten konnten? Man sprach ja nicht einmal von Herrschaft. Es galt stattdessen der verbreitete Glaube an eine *Bestimmung*, die mit dem jeweiligen Geschlecht verbunden sei. Nachdem dieser Glaube durch die Aufklärung erschüttert worden war, hat man ihn vor allem im 19. Jahrhundert besonders inbrünstig beschworen.

Die Männer seien dazu *bestimmt*, ihre Familie zu beherrschen, die Frauen dazu *bestimmt*, sich zu fügen. Auch wenn das nicht überall friktionslos gelang, war doch das Bewusstsein: Ich, der Mann, muss meine Frau führen, und: Ich, die Frau, muss mich dem Mann unterordnen, allgemein. Das Medium, in dem diese Überzeugungen reiften und sich verfestigten, war die *Religion*. Es war (und ist) in allen geoffenbarten Bekenntnissen das Gleiche: Gott wolle es so, dass die Frau dem Manne untertan sei, und nun müsse man das Leben nach diesem Gebot führen. Es ist eigentlich einer Erklärung bedürftig, dass diese spirituell vermittelte Herrschaftsform der Männer über die Frauen so lange hingenommen worden ist. Was man weiß, ist dies: Die großen monotheistischen Religionen mit ihren Vatergottheiten über den Wolken haben ein Menschenbild kreiert, verbreitet und am Leben erhalten, in dem Herrschaft als Spezialfall von Zuneigung und Fürsorge, Auflehnung dagegen als Sünde und Ketzerei galt. *Gehorsam* war die wichtigste und angesehenste Verhaltensbereitschaft – die Männer schuldeten ihren Gehorsam Gott und seinen Gesetzen, die Frauen desgleichen, mit dem Unterschied, dass ihr Gottesgehorsam einen Umweg über die männlichen Menschen nehmen musste. Sie hatten zu tun, was die Männer als Stellvertreter göttlichen Wollens verlangten.

Die Religion und die Strenge der Geistlichen haben die Unterdrückung der Frauen aber nicht allein ins Werk gesetzt, die weltliche Macht hat mitgeholfen, sie hat stets mit Gewalt gedroht, wenn Arme, Benachteiligte, Fremde oder Frauen Ungehorsam an den Tag legten. In allen traditionalen Gesellschaften war und ist Gleichheit nicht praktisch zu denken. Diese Gesellschaften waren ständisch gegliedert, und die Stände – die Bauernschaft, die Handwerker, die Kriegerkaste, die Gelehrten, die Kirchenleute und der König – konnte man untereinander nicht vergleichen, weil ihr Wirken eine jeweils unterschiedliche Bedeutung für das Ganze hatte. Man dachte in heterogenen Einheiten; die Vorstellung von

Homogenität, von einer menschlichen Allgemeinheit ist aber die Voraussetzung für ein Denken in Termini von Gleichheit. So gab es dereinst auch niemand, der sich gleiche Rechte oder Wirkungsräume oder Bewährungsfelder für Männer und Frauen denken konnte; die Menschen des Mittelalters hätten solche Ideen nicht nur für sündhaft, sondern auch für verrückt gehalten, für völlig irreal. Frauen sollten Kinder und das Herdfeuer hüten und Männer die Meere befahren und Länder erobern und alle gemeinsam zum Herrgott beten. Das Feld, auf dem die Menschen in homogenen Einheiten dachten: Wir sind alle Menschen, war einzig das religiöse, insofern es sich auf das Leben nach dem Tode erstreckte. Vor Gott waren alle gleich, aber auf Erden gab es gewaltige Unterschiede, und das war dann ja wohl der Wille Gottes. Hinter den konnte niemand zurück.

Erst seit die Aufklärung Herrschaftsformen überhaupt infrage stellte und fallweise abzuschaffen drohte, erst als die *säkulare* Gesellschaft am Horizont der Geschichte erschien und mit Immanuel Kant den Gehorsam als Prinzip kritisierte, ist Bewegung und Praxis in das Programm mit Titel »Gleichheit« geraten. Jetzt wurde Gleichheit denkbar und machbar, auch die von Männern und Frauen, zunächst im politischen und juristischen Sinn. Das geschlechtsbezogene Herrschaftsverhältnis war aber über so lange Zeiträume intakt geblieben, dass es sehr tief in alle Verzweigungen des gesellschaftlichen Lebens eingedrungen war und dass wir heute vor der Sisyphusarbeit stehen, es aus diesen Verzweigungen und unseren eigenen Psychen und Verhaltensrepertoires wieder herauszubefördern. Wobei der erste Schritt, nämlich die Erkenntnis: Ja, da gibt es noch hierarchische Auffassungen vom Verhältnis der Geschlechter, also die Dingfestmachung von Herrschaftsansprüchen, häufig überhaupt erst gegangen werden muss. Jeder erkennt

Herrschaft, wenn ein Mann eine Frau zu irgendetwas zwingt. Wer aber hätte gedacht, dass die scheinbar so unschuldige Lobpreisung der weiblichen Schönheit etwas mit Herrschaft zu tun haben könnte, dass die Höflichkeitsgesten von Männern gegenüber Frauen eine Art Kompensation für den Ausschluss aus den meisten gesellschaftlich interessanten Unternehmungen darstellten oder dass Hochzeitsfeste, wenn man ihre Rituale deutet, nichts anderes feiern als den Übergang von einer Form der familialen Einhegung weiblicher Existenz zur nächsten? Wer hätte gedacht, dass *überall* Spuren von Unterdrückung aufgefunden werden können, die der weibliche Teil der Menschheit vonseiten der männlichen erfahren hat?

So weiterhin zu denken, mit einem derart detektivischen Blick auf die Welt zu schauen, gilt heute als überholt und obendrein als ethisch fragwürdig. Für die Gleichstellung sei genug getan worden, und Frauen sollten sich vor einer Selbststilisierung als ewige Opfer hüten. Das ist richtig, dennoch: Es wäre verwunderlich, wenn nach einer so langen Vorgeschichte der Unterdrückung nicht immer noch Spuren, Folgen, geistige Verformungen und unbewusste Verhaltensbereitschaften aus diesem Kontext auffindbar wären, bei Männern und Frauen. Soll man sie auf sich beruhen lassen? Selbst wenn die gesamte Gesellschaft sich dazu entschlösse – es wäre nicht möglich. Die Idee der Gleichheit und das Virus des Widerstands gegen Diskriminierung sind in der Welt und werden ihre Arbeit tun. Die Gesellschaft muss mitmachen. Dabei geht es nicht nur darum, Diskriminierungen historisch zu begründen, sondern sie abzuschaffen und tragfähige Lebensformen für die Zukunft zu finden.

Man darf davon ausgehen, dass der Großteil unserer Öffentlichkeit und ihrer dienstbaren Geister, die Presse, das Fernsehen, das Internet und alle sozialen und asozialen Medien, dazu auch bereit und mit diesem Auftrag unterwegs sind. Die Prioritäten, die gesetzt werden, müssen von Fall zu Fall diskutiert werden. Dieser Essay möchte herausarbeiten, warum es eben doch unumgänglich ist, die Auflehnung gegen Spielarten fortwirkender Diskriminierung aufgrund des Geschlechtes fortzusetzen, auch wenn es mühselig ist und obsolet erscheint. Dass es für die jetzt lebenden Generationen nicht infrage kommen wird zu sagen: Wir haben es geschafft, es ist alles gut. Dafür ist das historische Paket an Chauvinismus, Unterdrückungs-, Widerstands- und auch Kompromissvarianten, das wir alle schultern, zu groß. Und dafür ist das Feld, in das die geschlechtsspezifische Repression hineinwirkt, zu unübersichtlich. Es ist eben *viel mehr* und auch *etwas anderes* als Gleichheit, was wir anstreben, wenn wir weibliche Freiheit meinen. Es ist ein Lebensraum frei von Herrschaft für beide Geschlechter, wobei sich die Frage einschleicht, was nicht nur Gleichheit, sondern auch, was Differenz in und außerhalb von politischen, juristischen und sozialen Bezügen als Kategorien ausrichten können.

Die Verschiedenheit der Individuen soll sich entfalten können, diesen Grundsatz halten alle modernen Gesellschaften hoch. Aber wie sieht es mit der Verschiedenheit der Geschlechter aus? Sie zu diskutieren, *ohne* implizit den Herrschaftsanspruch des männlichen Geschlechtes und damit die patriarchalische Gehorsamskultur mit einfließen zu lassen, war immer ein schwieriges Unterfangen und ist es geblieben. Es geht damit nur zögerlich voran. Der feministische Diskurs heute scheut davor zurück, die anstrengende und verfängliche Debatte um die *Verschiedenheit der Geschlechter bei Betonung des Gleichheitsprogramms im Sinne der Emanzipation* weiterzuführen. Er weicht ihr aus, weil er fürchtet, dass alles, was argumentativ vom Pfad der Gleichheit abweicht, zu Rückschritten führt. Die Flucht in die verschiedenen Transgender-Diskussionen, die ein gedankliches Feld beackern, in dem die Existenz von Geschlechtern überhaupt infrage steht, ist ein Beispiel für diese tiefsitzende Furcht. Frau sollte aber das Risiko eingehen, über die Verschiedenheit der Geschlechter nachzudenken, und sich den Konsequenzen stellen. Zu denen muss nicht gehören, dass gleiche Rechte im Sinne von gleichen Chancen und Bedingungen verloren gehen. Im Gegenteil, da der Sinn der Zweigeschlechtlichkeit bei der Spezies Homo sapiens in der Verschiedenheit der beiden Geschlechter liegt, was ihre generativen Potenzen und womöglich noch einige andere Bereiche betrifft, könnte eine Berücksichtigung von Ungleichheit zu mehr Gleichheit führen. Es geht darum, Herrschaft aus den Geschlechterbeziehungen rauszuwerfen, nicht die Ungleichheit zu leugnen.

Frauenpolitik und -publizistik beschränken sich, nachdem auf dem Feld der Bildung und der politischen Partizipation viel passiert ist, heute weitgehend darauf, in denjenigen Lebensbereichen *Gleichheit* umzusetzen beziehungsweise anzumahnen, die sich *nach* einer Ausbildung oder einem Universitätsstudium für Frauen öffnen – mit dem Ziel, die Bedingungen zu verbessern, was die Vereinbarkeit von Beruf und Familie betrifft, was Berufsaussichten und -ausübung angeht und vor allem Entlohnung, Gehalt, Honorar und schließlich Rente. Auf diesen Feldern hat sich unter dem Zeichen der Gleichheit ein publizistischer Grabenkampf entwickelt, in dem seit Jahrzehnten identische Argumente, Zustandsbeschreibungen und Zielvorstellungen dargelegt werden. Es sieht so aus, als könne frau als Politikerin und als Feministin machen, was sie wolle und müsse, sie käme keinen einzigen Schritt voran. Immer noch gibt es die *gaps*, die sich einfach nicht schließen wollen: einen Lohnabstand zwischen Männern und Frauen von (in Deutschland je nach der Art, wie man rechnet) 17 bis 27 Prozent, eine Bereitschaft, Zeit mit Kindern zu teilen, die bei Frauen das Hundertfache dessen ausmacht, was Männer aufbringen, einen eklatanten Mangel an weiblichen Führungskräften, dafür ein Verhältnis von neun zu eins, was die Verteilung von Frauen und Männern bei den Alleinerziehenden, den Teilzeitarbeitenden und Zuständigen für die Pflege alter Eltern betrifft, eine schreiende Unterrepräsentanz von Studentinnen in den sogenannten MINT-Fächern (Mathe, Informatik, Naturwissenschaften und Technik) sowie erschreckende Zahlen, was die Karrieren von Männern und Frauen nach dem Erreichen des Doktorgrades an den Universitäten betrifft: Männer werden Professoren, Frauen Mütter. Diese *gaps* lassen sich mutatis mutandis in allen gesellschaftlichen Bereichen, Parteien, Verbänden, Interessengruppen, Milieus, Stadt und Land, Branchen und Institutionen auffinden, sie sind angeblich in den anderen europäischen Ländern kleiner und klaffen nur in Deutschland auf beschämende und entmutigende Weise mit der Tendenz, sich nicht nur nicht zu schließen, sondern womöglich weiter zu öffnen. Hier haben wir eine Stockung in der Wirklichkeit und in der Debatte, die laut danach ruft, den Blick von den üblichen Parametern wie Einkommen, Zeiteinteilung und Planungssicherheit mal abzuwenden und in das unübersichtliche Gelände der im sozialen Leben fein verteilten ererbten Herrschaftsmechanismen zu richten. Frau wird dann entdecken:

Es ist *mehr* als Gleichheit, was wir anstreben müssen, wenn der Prozess der Emanzipation weitergehen soll. Der historische Blick macht vieles verständlich, und er ist die erste Voraussetzung dafür, die aktuelle Situation zu verstehen. Sie kann dann viel leichter verändert werden.

Man sollte die Bewegungen und Stimmen von Männern und Frauen als ästhetische Phänomene wahrnehmen und bewerten, während man zugleich die Anteile von Herrschaft, die noch darin stecken mögen, kritisch anschaut und praktisch entfernt. Man sollte die Ansprüche und Selbstbilder der Geschlechter immer wieder daraufhin befragen, was sie an Altlasten noch mit sich herumschleppen und ob und wo sich die individuellen von den geschlechtsspezifischen Merkmalen oder Zielvorstellungen trennen lassen. Man sollte eine Ungleichheitspolitik wie die Quotierung, also die Bevorzugung von Frauen bei der Stellenbesetzung, auf allen Hierarchieebenen in sämtlichen gesellschaftlichen Bereichen (bis zu einem erstrebten Anteil) forcieren. In Schulen wird beklagt, dass die Jungen zurückfallen, weil Mädchen im Zuge des kritisch-feministischen Dauerfeuers mehr Aufmerksamkeit bekämen. Aber liegt es wirklich daran? Könnte es nicht auch sein, dass Mädchen mehr Disziplin an den Tag legen, weil ihnen die Bereitschaft zu gehorchen nach der langen Unterdrückungsgeschichte des weiblichen Geschlechts noch in den Knochen steckt? Das kritische Besteck des Feminismus muss feiner werden, es kann nicht sein Bewenden damit haben, überall fünfzig Prozent zu fordern. In der konkreten Situation sind diese groben Verteilungsschlüssel oft wenig wert.

Die Freiheitsimpulse in allen modernen Gesellschaften stärken das Individuum gegen Konformitätszwänge, die von Traditionen und Institutionen ausgehen, sie verlangen zunehmend Respekt vor dem Besonderen. Eine neue Herausforderung, vor der die Frauenbewegung steht, liegt darin, dem Geschlecht auf der großen Skala des individuellen Charakters sozusagen seinen Platz zuzuweisen. Es hat sich zum Beispiel herausgestellt, dass gar nicht alle Frauen Mütter werden wollen. Und die Emanzipation war einen großen Schritt weiter, als die kinderlose Frau nicht mehr abgewertet, sondern ihre Entscheidung als eine individuelle akzeptiert wurde. Aber das war ein langer Kampf! Mädchen, die auf Bäume klettern, sind heutzutage Kinder, die ihre Lebensfreude zeigen, und keine aus der Art geschlagenen Evastöchter mehr. Streben sie aber später Führungspositionen an, werden sie immer noch gerne gedeckelt. Väter, die in Elternzeit gehen, ernten im Feuilleton Applaus, aber in den Betrieben macht man sie runter. Es sind also weniger die Männer, die es versäumen, Zeit mit ihren Kindern zu verbringen, als die Strukturen, in denen sie arbeiten, die ihnen das erschweren. Die Kategorie der Herrschaft kann sich vom Geschlecht lösen und unpersönlich werden, sie taugt dann auch dazu, Beschränkungen im Leben von Männern dingfest zu machen. Auf den Spuren solcher Betrachtungen, Bewertungen und kritischen Zugriffe richtet der Diskurs der Emanzipation heute viel mehr aus als nur das Plädoyer für Gleichheit. Im vorigen Jahrhundert war es wichtig, die Kategorie der Gleichheit in den Vordergrund zu stellen, weil das Geschlechterverhältnis vor allem durch die Brille der Verschiedenheit angeschaut wurde – auch in der Tradition der Frauenrechtlerinnen des Jahrhunderts zuvor. Inzwischen denken wir differenzierter. Und wir haben die Gleichheit so gut im Blick, dass wir nichts verlieren, wenn wir die Verschiedenheit zum Thema machen. Zumal es für beide Geschlechter inzwischen darum geht, Herrschaftsstrukturen zu erkennen und aufzulösen.

Kapitel 2: Räume

Dass Frauen ihre Beine lieber und öfter überschlagen als Männer, vor allem in öffentlichen Räumen, mag etwas zu tun haben mit den Unterschieden in der Konstruktion männlicher und weiblicher Gelenke, die erheblich sind. Mit Sicherheit entscheidender aber ist die Geschichte der Menschheit, verstanden als Summe der Entfaltungsmöglichkeiten beider Geschlechter. Ähnlich verhält es sich mit männlichen und weiblichen Stimmen. Ein Bass füllt einen großen Saal, die Luft schwingt bereitwillig unter seinem Atem und produziert mächtige Schallwellen. Ein Sopran spielt auf ganz anderen Frequenzen, und seine Kraft, einen Raum zu füllen, scheint geringer. Aber ob das nur an der Anatomie der jeweiligen Kehlen liegt, muss bezweifelt werden. Denn dem stimmlichen Ausdruck teilt sich stets die Psyche mit. Dass in Talkshows heute noch das weibliche Timbre öfter zittert als das männliche und deshalb von den Moderatoren bereitwilliger in seinem Vortrag unterbrochen wird, hängt damit zusammen, dass alle Frauen einen Rucksack tragen, auf dem das Paulus-Wort geschrieben steht: »Die Frau schweige in der Gemeinde.« Sie hatten allzu lange nicht die geringste Chance, ihre Stimmen in weiten Räumen widerhallen zu lassen. Allgemein gilt: Die Größe des Raumes, den das eine oder das andere Geschlecht einnehmen durfte und darf, ist der bedeutendste und auch am leichtesten messbare Unterschied zwischen ihnen. Er ist riesenhaft.

Wir wissen nicht, wann es begonnen hat, dass die Männer die Frauen im Hause hielten – ähnlich dem Nutzvieh, das sich auch nicht entschließen konnte, wieder in die Wildnis hinauszulaufen, nachdem es einmal gezähmt und im Stall eingesperrt war. Vielleicht konnte es sich entschließen, aber es konnte seinen Entschluss nicht in die Tat umsetzen. Der Vergleich zwischen Nutzvieh und Frauen hinkt insofern, als die Frauen den Prozess ihrer Einhegung an der Seite und nach dem Gebot der Männer über lange Zeiträume hinweg scheinbar einvernehmlich mitgetragen haben. Jedenfalls sind größere Aufstände nicht geschichtsnotorisch geworden. Auch wurden Frauen nicht gezähmt wie Pferde, sondern entwickelten ihre zahme Seite stetig und nolens volens sich anpassend an die rohen Umstände der menschlichen Anfänge. Wir hätten so gern eine Ursprungsgeschichte, in der es erstmalig passiert wäre, was dann für lange Zeiten gelten sollte: dass die Männer ihre Herrschaft über die Frauen etabliert und sie eingesperrt haben, aber die gibt es nicht. Was in der Bibel über den Gehorsam steht, den die Frau dem Manne schulde, baut ja schon auf einer Vorgeschichte auf, die in graue Urzeit zurückweist, das Herrschaftsverhältnis nur noch mal in Schriftform beglaubigt und es auch noch heiligspricht. Es wird so gewesen sein, dass ihre überlegene Körperkraft und sthenische Angriffslust es den Männern nahelegte, sich die Frauen zu unterwerfen – mit eben den Mitteln der Gewalt, die sie in der beständigen Auseinandersetzung mit männlichen Rivalen (um Land und andere Ressourcen, zu denen auch die Frauen gehörten) ausgebildet hatten. Wie das im Einzelnen vor sich ging, ist (für unsere Fragestellung) gleichgültig. Wir müssen uns damit abfinden, dass wir keinen Mythos besitzen, in dem die Hierarchie zwischen den Geschlechtern erfunden und festgeschrieben wurde und den wir heute umschreiben könnten, sondern dass die Vorgeschichte aller Wahrscheinlichkeit nach kalt, grausam und blutig und weitgehend wortlos verlief. Und dass es keine Rücksicht gab auf zarte Kinder und stillende Frauen, außer dem Schutz durch einen Mann, der imstande war, Gegner aus dem Feld zu schlagen und mit genügend Jagdbeute in die Höhle zurückzukehren.

Wenn wir die Dinge so sehen, erkennen wir, dass die Emanzipation erst beginnen konnte, nachdem die Legitimität der Gewalt durch das geschriebene Recht und die Idee der Gleichheit so weit eingeschränkt war, dass kleinere, schwächere und mit Piepsstimmen geschlagene Menschen ihre Würde und ihre Unversehrtheit in der Welt der Gedanken, aber auch praktisch vor Gericht und schließlich in der öffentlichen Meinung verteidigen konnten. Mit anderen Worten: Es waren die Verkündigung der Menschenrechte und die Konzentration der Gewalt beim Staat nach der Aufklärung, die der Frauenemanzipation zuarbeiteten. Ohne sie wäre an Gleichstellung niemals zu denken gewesen. Wenn wir die Perspektive umkehren und die Menschenrechte mit einer Herausforderung an alle politischen Systeme in der Zeit gegen Ende des 18. Jahrhunderts verbinden, die von willkürlicher Gewalt geprägt waren, erkennen wir ferner, dass Frauenemanzipation eine Abkehr von jeder Art Gewaltherrschaft zur Voraussetzung hat. So einfach ist das. Die Emanzipation verlangt als Bedingung ihrer Möglichkeit eine zivilisatorische Stufe, welche die Gewalt als politische teilt, als körperliche ächtet und einhegt, beim Staat konzentriert und gegebenenfalls sanktioniert. In Diktaturen mit gewaltbereitem Untergrund sind Frauenrechte keinen Pfifferling wert. Sie sind die schöne Blüte einer Gesellschaft, in der das Recht die Gewalt bezwungen und sich die Gleichheit von einem bloßen Motto zu realer Chancenvielfalt entwickelt hat. Insofern sind die Verteidigung der Demokratie und der Kampf gegen jegliche Diskriminierung das Erste und Beste, was zur Sicherung der Emanzipation, ihrer Gewinne und Errungenschaften, getan werden muss.

So ist denn auch die Selbstbefreiung der Frauen in den letzten hundertfünfzig Jahren, in denen die modernen westlichen Gesellschaften entstanden sind, mit Siebenmeilenstiefeln vorangeschritten. Das Jahrhundert davor darf man schon mitrechnen, allerdings lief die Emanzipation ab dem Ende des 18. Jahrhunderts noch im Schneckentempo. Es gab Unterbrechungen, es gab Neuansätze, es gab vor fünfzig Jahren einen Aufbruch mit enormem Crescendo. Aber derzeit stecken wir in einer Generalpause. Frau weiß nicht recht, was tun, um weiter voranzukommen. Auch fühlt sie sich unter Druck durch die politische Rechtsentwicklung überall in der westlichen Welt, es schwelt die böse Ahnung, dass Fremdenhass, Rassismus, Misogynie, Nationalismus, eine weitere Aufwertung von Dominanzgesten auf militärischem Gebiet und Ellenbogenmentalität im wirtschaftlichen Bereich auch Frauenrechte nicht unangetastet lassen werden. Noch ist die Bedrohung eher atmosphärischer Natur. In dieser Situation könnte es nützlich sein, sich bewusst zu machen, was Emanzipation jenseits von verbrieften Rechten bedeutet und was es eigentlich gewesen ist, das Frauen über so viele Jahrhunderte vorenthalten wurde. Und da ist ein wichtiges Stichwort: Räume.

Frauen sollten in Innenräumen verbleiben, dort, wo man sie nicht sah und wo sie ihrerseits nichts Neues sehen und erleben konnten. Die raumgreifenden Schritte waren den Männern vorbehalten. Frauen trippelten. In China verwehrte man ihren Füßen durch Einbinden das natürliche Wachstum, sodass sie nur zu Trippelschritten fähig waren. Lassen wir die Schuhmode unserer Zeit beiseite. Die Modi der Verhinderung, mit denen man Frauen in Binnenbereichen hielt und sie vom Erkennen, Beschreiten und Erobern der Außenräume, gedanklicher und gegenständlich-irdischer, abhielt, waren vielfältig. Hier interessieren erst mal Räume im Sinn von Territorien. Schauen wir den Männern zu, wie sie sich die Erde untertan gemacht haben.

Der Welthandel und die Kriegskunst waren die großen Bewährungsfelder, auf denen junge und reife Männer seit der Antike ihre Kräfte und Fähigkeiten entwickelten, einsetzten und aneinander maßen. Es ging immer darum, Räume zu erschließen, zu erobern und zu sichern. Dafür wurden fantastische Leistungen erbracht. Die Schifffahrt in der Antike, der Vorstoß nach Afrika und Asien, schon der Bau der großen Segler und Ruderboote, das waren gewaltige Abenteuer und berauschende Erfahrungen. Von den Seeschlachten mit ihren unermesslichen Opfern an Menschen und Material berichten die Historiker schaudernd. Die Kriege des Mittelalters und der Neuzeit, die Kreuzzüge, die Religionskriege, die Kabinettskriege, die Weltkriege, sie wollten weiterhin Räume besetzen, aneignen, aufteilen, bebauen, sie entfesselten eine sich steigernde Gewalt, sie erschütterten die Menschheit und stifteten sie an zu epochalen Werken in der Theorie, der Philosophie und Dichtkunst, Werke, in denen man darum rang, die eigene menschliche Natur und ihr schöpferisches Vermögen ebenso wie ihren Zerstörungsdrang zu verstehen und Werte zu entwickeln, an denen gemessen das menschliche Zusammenleben stabiler werden könne. Derweil bearbeitete auch das zivile Leben mit Landwirtschaft, Handwerk und Städtebau die irdischen Räume. Es gab ferner die Epoche der großen Entdeckungen: Auf dem Seeweg nach Indien stieß man auf Amerika, und so ging es weiter, bis die Umrisse der Pole und der letzten unbekannten Inseln die Landkarte der Erde vervollkommneten. Sie ist ein grandioses Epos, die Eroberung, Besetzung, Aufteilung und Nutzung des irdischen Raumes.

Und sie ist eine Erzählung ganz ohne weibliche Autoren. Abgesehen von der Kleinlandwirtschaft, in der Frauen tätig waren, soweit der Zustand ihrer Füße es ihnen erlaubte, waren sie an der Aneignung des Raumes, so wie er die Menschheitsgeschichte bis ins vorletzte Jahrhundert hinein geprägt hat, nicht beteiligt. Was bedeutet das für ihre Psychen, für ihr Selbstbewusstsein, für ihr Tun und Lassen? Und was hat ihre Rolle als Entdecker und Krieger aus den Männern gemacht? Die Tatsache, dass die großen Feldzüge, Erkundungszüge, Eroberungszüge, Welthandelskompanien und Städtebauarbeiten eine rein männliche Angelegenheit waren, muss etwas heißen für die Entwicklung der Geschlechter. Man befindet heute, dass weibliche Gehirne in Bezug auf räumliches Vorstellungsvermögen deutlich weniger leistungsfähig seien als männliche. Zur Erklärung verweist man auf den unterschiedlichen Zustand neuronaler Vernetzungen. Ein Blick in die Geschichte lehrt, woher dieser Unterschied stammt.

Junge Männer mussten, um Schiffbauer oder Soldat zu werden, eine Ausbildung auf einer Werft oder als Rekrut bei der Truppe machen – beides war Frauen verwehrt. Es gab für sie bis ins 19. Jahrhundert hinein nicht einmal Schulen und auch dann erst mal nur Schrumpfformen jener Institute, an denen die männliche Jugend lernte und studierte. Das war überall auf der Welt so. Das vor-aufgeklärte Weltbild mit den ihm entsprechenden Geschlechterrollen kannte keine Frauen, die eine Ausbildung gemacht oder studiert hätten, um Expertenwissen zu erwerben und einen Beruf auszuüben (von raren Ausnahmen abgesehen). Der Sinn eines Frauenlebens bestand in seinem Dienst an der männlichen Menschheit. Weibliche Menschen sollten Kinder auf die Welt bringen und großziehen, um so das Geschlecht des Mannes fortzupflanzen, und sie sollten hausnahe Tätigkeiten ausführen, etwa gärtnern, spinnen, brauen, backen, kochen und das Kleinvieh versorgen. Kenntnisse, die dafür nützlich waren, durften sie sich aneignen. In den Oberschichten gehörten Musik, Tanz und Lyrik dazu, während Spinnen und Backen weniger galten, dies wurde von Mägden erledigt. Jede weitere Bildung aber war überflüssig und wurde gar für schädlich befunden. Irgendwann aber tat sich der Raum des Wissens auch für Frauen auf. Nicht einfach so, sondern weil Frauen ihn unter Missachtung ihrer beschränkten Zukunftsaussichten ertrotzten.

Zum Beispiel in Zürich in der Mitte des 19. Jahrhunderts. Die Universität dort war eine junge Gründung, und die weitblickenden Herren, die ihr Lehrprogramm ausarbeiteten, spürten, dass etwas in der Luft lag: der Wunsch junger Frauen aus besseren Kreisen, mehr über die Welt zu wissen als Geburtshilfe und Kochrezepte. Das Kalkül ging auf. Aus vielen europäischen Ländern kamen höhere Töchter in die Schweiz, um dort ihren Wissensdurst zu stillen. Sie beziehungsweise ihre Familien zahlten bereitwillig die saftigen Gebühren. Niemand traute den Mädchen viel zu, weder ihre Eltern noch die Professoren, erst recht nicht die Kommilitonen. Studentinnen wurden regelrecht gemobbt. Aber sie setzten sich durch und die akademische Welt in Erstaunen. Franziska Tiburtius, Anita Augspurg, Ricarda Huch und Rosa Luxemburg gehörten damals zu ihnen. Jetzt war Wut gerechtfertigt, wenn es weitere Hemmnisse gab, die Frauen den Eintritt in die Räume des Wissens verwehrten. Die akademische Welt, in der die Männer so lange unter sich gewesen waren, hielt mächtig gegen die Aspirationen der Frauen. Man betrachtete ihre Studien als eine Art Accessoire, als Zusatzqualifikation für den Small Talk im Salon, den eine kluge Ehefrau an der Seite eines Mannes von Stand führen könnte. Einen akademischen Abschluss brauchten sie dafür nicht, also wurde er verweigert. Dann, als das nicht mehr ging – die Gleichheit als politische Kategorie drängte mit Macht in die Praxis –, verbot man ihnen eine Karriere als Ärztin, Professorin, Anwältin oder Pfarrerin. Sie durften sich, weil sie Frauen waren, nicht niederlassen oder eine Approbation erwerben. Bis sie es dann endlich doch konnten, mussten viele weitere Kämpfe durchgefochten werden.

Warum leisteten Männer in der großen Mehrheit einen solch rigorosen Widerstand, als erstmals Frauen in die akademischen Räume vorstießen? Es hat zu tun mit Weltbildern, die gelten sollten. Die Aufteilung der Geschlechter auf die Räume des Lebens, auf Territorien wie auch auf die Räume des Wissens mit ihren historischen Schätzen und möglichen Neuerungen war tradiert worden und hatte in den Vorstellungen der Menschen eine die Lebenswege vorzeichnende Tiefenwirkung. Für eine Frau war es wichtig, dass sie einen Mann fand, der ihr seinen Namen gab, dessen Kinder sie zur Welt bringen würde und der ihr dafür seinen Schutz und eine begrenzte Teilhabe an seinem Vermögen angedeihen ließ. Alles andere zählte nicht. Für einen Mann war es wichtig, dass er seine Fähigkeiten entwickelte und ein würdiger Nachfolger seines Vaters als Bauer, Hufschmied, Gelehrter oder Aristokrat wurde. Ob und wann er eine Frau fände, mit der er sein häusliches und Gattungsleben führen könnte, war vergleichsweise weniger wichtig. In diesem Weltbild mit dem entsprechenden Verhältnis der Geschlechter gehörte die Erde den Männern, die sie sich, wie Gott es gewollt hatte, untertan und urbar machten. Frauen waren von dieser Weltaneignung ausgeschlossen, sie lebten in Innenräumen und betraten die Außenwelt nur insoweit, als ihr männlicher Vormund es gestattete.

Eine Frau, die studieren ging, rüttelte an diesem Weltbild. Eine Jurastudentin, die Richterin werden wollte, machte die Aufteilung von Räumen, die schätzungsweise auf neunzig zu zehn hinauslief – wobei der Löwenanteil von neunzig den Männern und die Restgröße von zehn den Frauen zukam –, zunichte. Das durfte nicht sein. Die Macht der Tradition liegt in ihrem Ewigkeitsanspruch. Sie will immer weiter gelten. Die Männer, die in Zürich und anderswo während der 1860er bis 1890er Jahre verbissen gegen Studentinnen der Rechte, der Theologie, der Medizin oder der schönen Künste kämpften und ihr Weltbild mit der Neunzig-zu-zehn-Aufteilung der Räume verteidigten, sahen sich nicht als Frauenfeinde oder -verächter, und sie waren es subjektiv auch nicht. Sie wollten den Frauen ihre Komfortzone erhalten: Die sollten mal schön bei Mann und Kindern zu Hause bleiben, anstatt sich den rauen Wettern der Wissenschaften, der Juristerei, der Heilkunst oder den Streitereien der verschiedenen philosophischen Schulen auszusetzen. Natürlich waren so gut wie alle Männer davon überzeugt, dass Frauen für die Wissenschaften ungeeignet seien. Sie erfanden die bizarrsten Indizien, angefangen bei der weiblichen Kopfform bis hin zur angeborenen Scham (eine Frau in der Anatomie – nicht auszudenken!), mit denen sie belegen zu können glaubten, dass eine Frau nicht in die Universität gehöre. Es gab strenge Verbote. Aber Zürich wies dann doch den Weg. Und Frauen beschritten ihn, nachdem die Schranken gefallen waren, in großer Zahl. Heute lacht man über die Vorwände, unter denen man einst weibliche Studienanfänger draußen vor der Tür der Alma Mater gehalten hat. Damals war es nicht zum Lachen, weder für die Frauen, die als erste raumgreifende Schritte ins Reich des Wissens machten, noch für die Männer, die sie aufhalten wollten. Für beide ging es um ein Weltbild. Die einen wollten es erhalten, die anderen es umstoßen.

Zur Neunzig-zu-zehn-Aufteilung der Räume muss noch gesagt werden, dass der den Frauen zur Verfügung stehende Binnenraum ebenfalls unter der Oberherrschaft ihrer Männer stand. Sie hatten also, genau besehen, nicht einen zehnprozentigen Restraum für sich, sondern gar keinen. Sie lebten quasi zur Untermiete in einem Haus, das den Männern gehörte, auch wenn die fast nie dort waren, und aus dem sie, die Frauen, jederzeit rausgeworfen werden konnten, so bei Untreue oder wenn der Mann ihrer überdrüssig war. Es ist eine Ironie der Wortwahl, dass die »Hausfrau«, die es ja heute noch gibt und die konservative Kräfte in Deutschland als Existenzform gerne aufwerten möchten, dass die Hausfrau das »Haus«, in dem zu leben und zu wirtschaften angeblich ihre Bestimmung oder wenigstens eine erfreuliche Daseinsform sei, nicht einmal besessen hat. Es gab zwar auch begüterte Frauen. Doch das Vermögen einer Frau gehörte nach der Eheschließung von Rechts wegen dem Mann.

Was die Räume betrifft, so kommen wir zu dem ernüchternden Schluss, dass Frauen nicht nur auf den sieben Meeren nicht vorkamen – alter Seemannsspruch: »Frauen und Blumen an Bord bringen Unglück« –, dass sie nicht nur an der territorialen Erschließung unseres Planeten unbeteiligt waren und dass sie die Räume des Wissens nicht mit eingerichtet haben, sondern dass selbst im Nahraum des Hauses, in dem sie ihr Dasein fristeten, auch noch der Mann von Rechts wegen als Bestimmer über ihnen stand. Der »Stichentscheid des Haushaltsvorstandes«, der bei schwierigen Fragen zum Beispiel in Sachen Kindererziehung noch vor einer (!) Generation die Debatte schließen konnte, wurde, historisch gesehen, erst gestern abgeschafft. Ebenfalls zu nennen wäre in diesem Zusammenhang das gern zitierte Verbot, das ein Ehemann über seine Frau verhängen konnte, wenn sie arbeiten gehen wollte und er das nicht gut fand. Auch das eigene Konto einer Frau ist eine junge Errungenschaft. Alles in allem: Die nach der festen Überzeugung vor allem des bürgerlichen Zeitalters »ureigene Sphäre« des weiblichen Wirkens, das Haus, war nie ihre eigene Sphäre. Es war immer ein Herrschaftsbereich der Männer. Für Frauen war es der Ort, an dem sie die Dienstleistungen erbrachten, die für den Sinn ihres Daseins standen.

Die Konsequenzen, die jene Raumfülle für die Männer und die Raumlosigkeit für die Frauen hatte und hat, sind gewaltig. Schauen wir uns noch einmal die Lebenswege der Männer an. Diese Wege führten sie zuweilen in weite Ferne – auch Männer aus dem Volk kamen als Soldaten, als Matrosen und als Handelsreisende weit herum. Auch wenn sie, beispielsweise als Landmann oder als Pastor, im Wesentlichen auf ihrer Scholle oder in ihrem Kirchspiel blieben, hatten sie doch eine gehörige Weltbegegnung, sei es als Verhandler von Geschäftsbedingungen, als Geistlicher auf einem Konzil, als Soldat im Feindesland, als Lehrer vor Buben, als Zimmermann auf dem Bau. Sie trafen dort ihresgleichen, aber auch Vertreter anderer Stände, sie trafen – Männer. Die Einhegung der Frauen im Hause bedeutete ja, dass Männer in ihrem Berufsleben, auf ihren Feldzügen, auf ihren Handelswegen oder in ihren Werkstätten ausschließlich mit anderen Männern verkehrten. Dort, wo die Geschlechtersegregation von alters her besonders konsequent durchgeführt wurde oder wo Männerbündelei den Zugang streng kontrollierte wie beispielsweise in englischen Clubs, beim katholischen Klerus, bei der Armee oder in Geheimbünden wie den Freimaurern, ist das heute noch so: Männer sitzen oder arbeiten zusammen mit anderen Männern, sie verleben den Feierabend mit anderen Männern, sie wetteifern mit anderen

Männern, sie kooperieren und sie verschwören sich mit anderen Männern. Sie leben ihr soziales Leben mit Menschen ihres eigenen Geschlechts. Was heißt das für sie?

Es heißt, dass sie einander ziemlich gut kennenlernen. Dass sich ihre libidinösen Energien, soweit solche auch neben den erotischen Zielen und Zwecken in ihren Herzen wohnen, auf Männer richten. Respekt, Ehrfurcht, Sympathie, Anerkennung und Einvernehmen sowie deren Entzug und sodann Beleidigung, Böswilligkeit, Rufmord und Keilerei erleben sie vor allem unter ihresgleichen. Dazu gehört, dass sie es lernen, miteinander auszukommen. Dass sie Person und Sache trennen. Männer können sich als politische oder sportliche Gegner nach Herzenslust attackieren und hinterher miteinander anstoßen. Ihre überlegene Fähigkeit, sich aufeinander zu beziehen, sich nicht nur zu fordern, sondern auch zu fördern, kurz: *Seilschaften* zu bilden, die einiges aushalten, erwächst aus dieser Geschichte: Männer leben ihr interessantes Leben mit anderen Männern.

Nicht mit Frauen? Nun ja. Zu Hause ist es eher langweilig. Man kennt den Typus Ehemann, der seinen Feierabend lieber in der Kneipe mit den Kollegen verbringt, weil er da mehr Spaß hat. Aber manchmal sind Männer auch zu Hause, und dann freuen sie sich, wenn ihre Frauen sie liebevoll empfangen. Oder sie ärgern sich, wenn das nicht so ist. Allgemein gilt: Männer erlebten früher das andere Geschlecht als das fremde, das ihnen nicht ganz geheuer und das zu beherrschen ihnen aufgegeben war, weshalb sie es gewohnheitsmäßig abwerteten oder aber mystifizierten – das weibliche ist als »das andere« auch das mindere. Diese lange Vorgeschichte der Emanzipation ist noch nicht ganz vergangen. In alten Zeiten haben Männer gerne betont, dass sie die Frauen verehrten, es gab im Hochmittelalter in den höheren Ständen ja sogar die »Verehrung der Frau« als Kunst- und Lebensform.

Theodor W. Adorno hat dazu gesagt: »Der Affekt, der zur Praxis der Unterdrückung passt, ist Verachtung, nicht Verehrung«, wodurch er wohl einiges richtiggestellt hat. Ungezählt sind die Mystifizierungen der Frau als die in der Natur tiefer Verhaftete, die Rätselvolle, die Triebhafte, die Sündhafte, das Tier. Solche Zuschreibungen sind Folgen eines Geschlechterrollen-Entwurfs, der keine Räume öffnet für eine nicht-erotische Begegnung der Geschlechter im Medium des Wettbewerbs oder der Kooperation, Räume, die von beiden Geschlechtern gleichermaßen befahren, erobert oder verteidigt oder als Räume des Wissens, der Vorstellung und der Zukunft entworfen und beschrieben werden können. Erst unsere Epoche hat eine solche Begegnung möglich gemacht, dieses Verdienst ist außerordentlich. Denn es erneuert das Fundament für Gleichheit, was die Chancen der Lebensführung betrifft, und es lehrt beide Geschlechter, was es heißt oder heißen könnte, die alte Raumaufteilung nach der Neunzig-zehn-Regel zu suspendieren und Frauen in die großen, weiten Räume der Außenwelt zu entlassen. Es bedeutet, dass mit der Herrschaft des männlichen Geschlechts über das weibliche das Dispositiv »Herrschaft« überhaupt als sozial strukturierendes Modell in die Defensive gerät. Es bedeutet *viel mehr*, als dass Männer und Frauen aufhören, einander als Agenten einer Hierarchie mit festgelegten Oben-Unten-Strukturen zu begegnen – es bedeutet, dass Herrschaft als soziales Instrument eo ipso fragwürdig wird. Es bedeutet, dass alle Hierarchien in eine Legitimitätskrise geraten.

Dabei hat aber die Herrschaft der Männer über die Frauen zu lange bestanden, um einfach so abgeschüttelt werden zu können, sie hat das Verhalten, die Eigenschaften, die Erwartungen, die Umgangsstile und den individuellen Ausdruck der Menschen derart geprägt und gefärbt, dass ein langer Übergang vonnöten sein wird, bis es selbstverständlich geworden ist, dass die Geschlechter einander auf Augenhöhe begegnen. Ja, man kann sagen: Die Umsetzung der Idee der Gleichheit in Bezug auf die Geschlechter kommt, was die Lebenswirklichkeit betrifft, einer kopernikanischen Wende gleich. Alles muss anders angesehen werden und anders werden, nachdem sich herumgesprochen hat, dass sich nicht die Sonne um die Erde dreht, sondern die Erde um die Sonne ... Also: alles muss anders angesehen werden, wenn sich herumgesprochen hat, dass das Verhältnis der Geschlechter kein selbstverständliches Oben-Unten mehr einschließt. Irgendwann wird es womöglich so kommen, Menschen werden einander als Männer und Frauen in all ihrer individuellen Sonderbarkeit gelten lassen, sie müssen sich dann nicht mehr einer über die andere erheben oder eine dem anderen sich unterordnen, sie können nebeneinander mit gleichen Rechten, Aussichten und Chancen, dabei mit ganz verschiedenen Hintergründen, Ansichten und Zielen ihre Wege suchen und gehen. Männer können arbeiten und leben mit und neben Frauen, ohne den Anspruch, es besser zu wissen und die Entscheidungen zu treffen, und Frauen können arbeiten und leben neben Männern, ohne die Bereitschaft, sich zurückzunehmen und bloß zu folgen. Das geht. Es ist jedoch noch nicht so weit. Unsere Arbeitswelt wie auch unsere privaten Lebensräume müssen erst entsprechend umgestaltet werden. Aber die Tradition der obsoleten Raumaufteilung wirkt immer noch mächtig nach. Das wissen Männer, die eine solche Tradition loswerden wollen, genauso gut wie Frauen, die überkommene Verhaltensweisen abgeschüttelt haben. Das ahnen sogar Männer und Frauen, die in altfränkischen Umgangsstilen festsitzen und es trotz besseren Wissens nicht schaffen, sie abzulegen. Sie sind die Verlierer der

Emanzipation. Sie müssen uns nicht leidtun. In manchen Weltgegenden rotten sie sich zu einer Art Gegenrevolution zusammen. Es sind inzwischen, da Amerika diesen Weg möglicherweise mitgeht, ziemlich viele. Also: Achtung!

Kapitel 3: Bezogenheit

Die Folgen, die für Frauen aus ihrem vergleichsweise engen lebensgeschichtlichen Bewegungsspielraum erwuchsen, waren einschneidend. Frauen mussten zu Hause bleiben, aber das wollten sie nicht immer, und so entwickelten sie eine Neugier, die über das Haus hinausreichte, die sie aber nicht in eigener Person befriedigen konnten. Sie nahmen die Räume, von denen sie wussten, dass es sie gab und dass sie interessant waren, *vermittelt über ihre Männer* in Besitz. Sie fuhren nicht selbst übers Meer, aber sie baten ihre Männer, die Abenteuer einer Seefahrt zu schildern. Sie machten nicht selbst Politik, aber sie verfolgten die politischen Ereignisse mittels der Berichte ihrer Gatten oder Brüder und suchten sich Nischen, in denen sie indirekt Einfluss ausüben konnten. Sie beschlugen nicht selbst die Hufe der Pferde, aber sie fütterten die Tiere und verwalteten die Kasse. Sie betätigten sich während eines Machtwechsels im alten Rom nicht selbst als Auftragsmörderinnen, aber sie halfen dabei, die Leichen in den Tiber zu werfen. Die Beteiligung der Frauen an den Fernfahrten, Geschäften, Versammlungen und kriminellen Aktivitäten der Männer war lebhaft, reichte aber selten bis zur Übernahme von Verantwortung, denn das Herrschaftsverhältnis, in dem die Geschlechter zueinander standen, zwang Frauen zur Subordination. Geistliche und weltliche Mächte hatten, wie gesagt, diese Herrschaft abgesegnet und perpetuiert, und Frauen lernten das Kuschen, noch bevor sie dazu kamen, ihr Bedürfnis nach Eroberung von Räumen auszudrücken oder es überhaupt zu empfinden.

Über Männer haben wir gesagt, dass sie einen viel beständigeren und lebhafteren Austausch mit ihresgleichen pflegten als mit weiblichen Menschen, dass sie sich, im Guten wie im Bösen, deshalb auch stärker aufeinander bezogen als auf die immer ein wenig als »andere« im Sinne von »fremd« empfundenen Frauen. Simone de Beauvoirs Buch *Das andere Geschlecht* (1949) klärte schon mit seinem Titel über diese Fatalität auf. Die Geschlechtersegregation bedeutete ja nicht zugleich, dass Frauen nun ihrerseits mehr mit ihresgleichen zu tun gehabt hätten als mit Männern. Sie waren nicht nur das andere, sondern auch das untergeordnete Geschlecht, sie waren nicht nur von Männern außerhalb ihrer Familie getrennt, sondern auch von der Öffentlichkeit, vom territorialen »Draußen«, von anderen Milieus und Ständen und so auch von anderen Frauen. Ja, es gab die Flussufer, an denen sich die Mägde zum Wäschewaschen trafen, es gab den Brunnen, an dem sie Wasser schöpften und anderen Frauen begegneten, es gab die Spinnstuben und die ersten Mädchenschulen, die Schneidermeisterin mit ihren weiblichen Lehrlingen und Kundinnen, die Feste und Gottesdienste, bei denen alle zusammenkamen, es gab irgendwann die modernen Fabriken, in denen Frauen in großer Zahl und nebeneinander Akkordarbeit leisteten. Aber diese sozialen Berührungspunkte innerhalb der den Frauen zugänglichen Welten waren, weil zuvörderst um Kinder, Kirche, Küche herum organisiert, beileibe nicht so welthaltig, aufregend und prägend wie das gemeinsame Leben der Männer in Kasernen und im Feld, auf Handelsschiffen, bei kirchlichen Konzilen, am Hof, in Parlamenten und auf Raubzügen. Hier ging es um Macht, und die Leidenschaften, die jeder Kampf entbrennen lässt, brachten die Männer einander näher und machten sie einander bekannt. Frauen hatten Begegnungen von einer solchen Temperatur und Tragweite mit anderen Frauen nicht, sie hatten sie, wenn es gut ging, mit »ihren« Männern im privaten Raum, wo sie sich entfalten durften. Und so brachte die Segregation der Geschlechter für Frauen nicht denselben Vorteil wie für die Männer: das eigene Geschlecht – und damit auch sich selbst – besser kennenzulernen. Die Aufmerksamkeit und das Interesse der Frauen galt längst nicht in dem Maße anderen Frauen, in dem Männer sich mit ihresgleichen beschäftigten, anfreundeten und anlegten.

Frauen hatten keine Wahl, sie mussten sich in erster Linie für Männer interessieren, weil sie von ihnen abhängig waren. So wie der Hund seinem Herrchen überallhin mit den Augen folgt, weil sein eigenes Wohl und Wehe von im abhängt, sahen – in älterer Zeit – Frauen zu, dass sie immer wussten, was ihr Herr und Meister wollte und brauchte, um für ihn da zu sein. Der Vergleich mit dem Hund ist vielleicht allzu grob, aber er erspart langatmige Ausführungen darüber, warum in Zeiten der Geschlechtertrennung Frauen nicht – wie Männer – die Gelegenheit ergreifen konnten, sich unter ihresgleichen umzusehen und dort ihre wichtigsten Erfahrungen zu machen, sondern sich trotz und wegen der Geschlechtertrennung vorwiegend auf die Männer beziehen mussten und mit anderen Frauen eher nebenbei kommunizierten. Dabei richtete die Frau ihren Blick von unten auf den Mann. Sie guckte ihn nicht offen an, sie schielte zu ihm empor. Sie nahm alle seine Regungen unter der Kautel wahr: Was heißt das für mich, für meine Stellung, für meine Zukunft? Bin ich bedroht? Bin ich in Sicherheit?? Herrschaft korrumpiert alle menschlichen Beziehungen, auch die zwischen Männern. Bei zwei (oder mehr) Männern aber gab es theoretisch immer die Möglichkeit einer

Umkehr der Machtverhältnisse. Bei Mann und Frau gab es die nicht.

Als in den 1970er Jahren in Europa und Amerika die Neue Frauenbewegung loslegte, kam es zu einer Gründungswelle von Frauenprojekten, die nur für Frauen gedacht waren, so die Frauen-Cafés, die Frauen-Buchläden, Frauen-Ferienhäuser, Frauen-Mitfahrgelegenheiten, Frauen-Parkplätze, Frauen-Bildungsstätten, Frauen-Werkstätten, Frauensportclubs. Manchmal gab es Hinweisschilder: »Männer dürfen hier nicht rein.« Das sorgte für Empörung auf Männerseite. Für die gab es einen guten Grund: Da hatte man in der modernen Gesellschaft die Geschlechtersegregation gerade so weit wie möglich aufgelöst, und nun das. Der Ausschluss der Männer erschien als Rückschritt. Das war er aber nur auf den ersten Blick. Denn es ging ja um die Abschüttelung der männlichen Herrschaft, und die erforderte eine Zusammenrottung der Frauen, eine Vergewisserung ihrer Stärke, ihrer Einigkeit und ihrer Neugier aufeinander. Das, was Männer immer schon hatten und Frauen immer nur sporadisch, da ihren Bündnissen einst allzu bald das Verbot gefolgt war, den Club, die Kameradschaft, die Seilschaft, die Loge, die Gemeinschaft, die Solidarität, das wollten und mussten Frauen für sich jetzt nachstellen, sie mussten die Bezogenheit auf andere Frauen lernen, um gemeinsam weiterzukommen, und dafür mussten sie den entsprechenden sozialen Rahmen bauen. Das taten sie mit Freuden, und auch diejenigen unter ihnen, die nicht groß darüber nachdachten, spürten, dass es richtig sei, jetzt mal nur unter Frauen zu diskutieren, zu planen, zu kritisieren, zu feiern, zu erzählen, um die Gleichberechtigung voranzubringen. Es hat geklappt. Die Abschließung gegen die Männer beim Vorantreiben des Prozesses der Emanzipation war ein wichtiger erster Schritt.

Männer bezogen sich, wie gezeigt, in der Geschichte vor allem auf andere Männer. Frauen kamen in ihrem Leben vor, aber in einer Art Sonderrolle, auf einer Stabsstelle, während die »Linie«, also die Hierarchie, mit anderen Männern besetzt war. So waren es die Auseinandersetzungen mit Kollegen, Kameraden und Vorgesetzten, waren es Kämpfe und Kooperationen mit ihresgleichen, die das Leben der Männer erfüllten. Frauen bezogen sich ebenfalls vor allem auf Männer. Das kam, wie gezeigt, durch ihre Abhängigkeit von ihnen; Ausnahmen wie Nonnenklöster, in denen sich Frauen auf andere Frauen bezogen und keine Männer brauchten, waren randständige Sonderfälle, wenn auch, was weibliches Geistesleben betrifft, starke Impulse von ihnen ausgingen. Die normale Frau lebte ein Leben in Bezogenheit auf den Mann, auf den Vater oder Gatten, sie ging mit ihm mit, lebte in seinem Haus, in seinem sozialen Dunstkreis, erfüllte seine Wünsche, brachte seine Kinder zur Welt, komplettierte sein Leben nach der privaten Seite hin. Das wäre auch anders gar nicht möglich gewesen, da Politik, Verwaltung, Produktion und Handel, Künste, Wissenschaft und Religion als Bewährungsfelder und Einkommensquellen Sache der Männer waren und Frauen nur vermittelt über ihre Männer daran teilhaben konnten. Alle Menschen also waren auf Männer bezogen. Auf Frauen bezogen sich Frauen und Männer eher nebenbei und im privaten Raum. Männliche Erotomanen und Männer, die ihren Beziehungen zu Frauen alles andere unterordneten, waren Ausnahmen.

Frauen aber ordneten ihren Beziehungen zu Männern alles andere unter. Das war – und ist oft heute noch – die entscheidende Unwucht im Verhältnis der Geschlechter. Die Bezogenheit von Frauen auf Männer hat mittlerweile die harte materielle Grundlage weitgehend verloren, aber in ihren Vorstellungen und Gefühlen ist die Mehrheit der Frauen immer noch in erster Linie auf Männer bezogen. Wenn sie zufällig und ohne eine verbindende Absicht beieinandersitzen und einfach so reden, reden Frauen, wenn nicht über Kinder, dann über Männer. Über ihre Erfahrungen mit ihnen, ihre Enttäuschung mit ihnen, ihr Glück mit ihnen. Wenn Männer einfach so zusammensitzen, reden sie über andere Männer, wenn nicht über Sport und Automobile. Diese Klischees werden durch die rohe Tatsächlichkeit täglich verifiziert. Immer noch ist die Bühne des Männerlebens mit Männern bevölkert. Und die des Frauenlebens auch. Wenn man diese Umstände interpretiert, landet man bei dem Ergebnis, dass Sinn, Zweck und zielbewusstes Streben von Männern und Frauen sich noch nicht tiefgreifend, sondern nur oberflächlich gewandelt haben. Zwar können Frauen heute in alle Räume ausschweifen und ihr eigenes Geld verdienen, dieser Wandel ist enorm. Aber ihre innere Bereitschaft, in ein internationales Führungsgremium aufzusteigen, einer Welthandelsorganisation beizutreten, die sieben Meere zu befahren, eine Truppe zu befehligen, den Staat zu lenken, Verantwortung bei Großbanken oder kriminellen Clans zu übernehmen, steht weit hinter dem entsprechenden Ehrgeiz der Männer zurück. Statt sich in die Welten der Wirtschaft, Politik, Wissenschaft und so weiter mit derselben Verve hineinzuwerfen, von der Männer sich angetrieben sehen, wenn sie ihr Leben planen, versuchen Frauen, »Beruf und Familie unter einen Hut zu bringen«, wie man immer so sagt. Das heißt, sie schreiben die Traditionslinien eines Frauenlebens fort, wobei ihre Teilhabe an der Berufswelt eine Errungenschaft darstellt, die sie wirklich nutzen und auf der sie bestehen. Allerdings scheinen sie mehrheitlich mit der Besetzung unterer und mittlerer Ränge zufrieden zu sein. Und sie nehmen es hin, dass die Probleme, die durch ihre Aushäusigkeit entstehen – wer pflegt die Babys und kocht das Essen für die Familie? –, als *ihre* Probleme gelten. Die Männer werden nur zögerlich zur Lösung herangezogen, der Staat (Stichwort Ganztagsschulen) höchstens punktuell. Der Grund dafür ist nicht etwa schlicht, dass Frauen »von Natur aus« stärker an Kinderpflege und Familienleben interessiert wären, sondern dass sie und die Gesellschaft durch die Fortwirkung der Geschlechterrollen aus Zeiten patriarchalischer Vorherrschaft geprägt sind und nur langsam und mühsam in die Gleichberechtigung hineinfinden. Schreiende Ungerechtigkeiten wie der »Stichentscheid des Haushaltsvorstands« und dergleichen konnten durch Gesetze aufgehoben werden. An innere Konditionierungen und gesellschaftliche Erwartungen kommt die Gesetzgebung aber nicht heran. Was macht die Kauffrau, wenn die Nachbarin ihr die Freundschaft aufkündigt und sich weigert, im Fall eines Falles die Katze zu füttern, weil sie es ihr nicht verzeiht, dass sie ihr Baby in eine Krippe gibt, um wieder arbeiten zu können? Was macht sie, wenn der Chef nicht darüber hinwegkommt, dass sie sich die Haare abgeschnitten hat? Oder wenn der Vater sie enterbt, weil sie Vielfliegerin ist und, wie er meint, seine Enkel vernachlässigt? Die gesellschaftlichen Erwartungen stützen überall und jederzeit die Bezogenheit der Frau auf den Mann, es ist fast so, als verstieße sie gegen die guten Sitten, wenn sie dieser Bezogenheit nicht stets Priorität einräumt. Die Bezogenheit auf ihre Kinder hängt eng damit zusammen und ist, praktisch gesehen, noch enger. Wenn der Mann geht oder sie es nicht mehr aushält, bleiben die Kinder in der Regel bei ihr.

Das angeblich stärkere Bedürfnis von Frauen – stärker als das der Männer, stärker als alle anderen weiblichen Wünsche –, Familien zusammenzuhalten und Männern und Kindern mit Dienstleistungen beizustehen, wird ja auch gern biologisch begründet. Die Frau als Mutter empfange ein Kind und empfinde es als Teil ihres Leibes – wie soll sie nicht sehr eng mit ihm verbunden sein, so eng, wie es keiner anderen Frau und nie einem Mann je gelänge? Ihre Hormonausstattung, die sich von der kinderloser Frauen und erst recht von der männlichen stark unterscheide, prädestiniere die Mutter für die Übernahme der Verantwortung, wenn es um die Kinder geht, und damit auch für die Familie, während der Vater für die materielle Versorgung einstehe und für den Schutz nach außen. Wie in grauer Vorzeit. Man kann den Einfluss der körperlichen Konstitution und der Hormone als Feministin ruhig zugeben, man hat sich damit noch keines »Biologismus« schuldig gemacht. Denn es ist wirklich so: Die Mutter freut sich an dem Anblick ihres Babys, denn es werden bedeutende Quanten eines Glückshormons in ihr Blut gepumpt, wenn sie ihr Kind sieht, und die Sehnsucht nach diesem Zustand tiefer Befriedigung treibt sie immer wieder an die Wiege. Ja, die *Natur* hat ganze Arbeit geleistet, als es ihr darum ging, für das Überleben der Gattung Mensch zu sorgen, deren Neugeborene ja eine so lange Zeit intensive Fürsorge brauchen. So hat sie als Prämie für die sorgende Mutter dieses Glückshormon erfunden, das nach einer Geburt reichlich vorhanden ist. Das heißt, die Bezogenheit von Müttern auf ihre Kinder ist natürlich und das Bedürfnis einer Mutter, ihr Kind bei sich zu haben, glückshormongestützt. Insofern darf frau die These, Mutterliebe sei eine vom Patriarchat aufgezwungene Degeneration weiblicher Gefühle, wie es immer wieder mal im feministischen Diskurs hieß und wie es die französische Philosophin Élisabeth Badinter 1981 in ihrem Buch *Die Mutterliebe* anklingen ließ, ins Reich der Fabel verweisen. Daraus folgt aber nicht, dass eine Frau, die Mutter geworden ist, sonst nichts auf der Welt zu bestellen habe. Erst hier liegt der Fehler. Sie kann sehr wohl eine Mutter sein, die ihr Kind gerne versorgt, und gleichzeitig Raumfahrt studieren. Es ist zu bedenken, dass die *Kultur* des menschlichen Zusammenlebens auf nur wenige Gesellungsformen einen derart stark formenden Einfluss ausübt wie auf den Umgang mit Kindern. Das, was wir Erziehung und auch Babypflege nennen, variiert in der Geschichte ebenso wie heute in den verschiedenen Zonen unserer Erde so lebhaft, dass es lächerlich wäre, die Frage danach, wer zuständig für den Nachwuchs sei, allein mit der Hormonproduktion zu beantworten.

Es ist doch so: Während die menschliche Natur arbeitet und Hormone produziert, kommt ihr die Kultur dazwischen und lenkt ab, lenkt um, verstärkt und schwächt, stellt still und fährt hoch, je nachdem. Kein Vergewaltiger kann sich heute noch damit herausreden, dass seine Hormone ihn überflutet hätten und er so keine andere Wahl gehabt habe, als sich auf sein Opfer zu werfen. Die Zivilisation sollte ihn gelehrt haben, sein Verlangen zu zügeln und es im Rahmen gebotener Rücksicht zu befriedigen. Die Bezogenheit einer Mutter auf ihr neugeborenes Kind kann man analog darstellen. Die Momente während der Ausgestaltung einer Mutter-Kind-Beziehung, beider Bezogenheit aufeinander, an denen eine Intervention der Kultur nötig oder erwünscht erscheint, sind vielfältig, und sie können der Mutter große zeitliche Freiräume anbieten, an denen sie sich entfernt und beispielsweise arbeiten geht, ohne ihr das Entzücken an ihrem Kind zu verderben.

Diese Unabhängigkeit von den Hormonen geht so weit, dass auch Männer eine sinnliche Freude am Umgang mit einem kleinen Kind entwickeln können, wenn man ihnen nur die Chance gibt, die entsprechende Erfahrung zu machen. Was nichts anderes bedeutet, als dass auch sie eine glückshormongesteuerte Freude an Kindern haben können. Das Potenzial ist auch in ihrer physiologischen Grundausstattung vorhanden. Es muss nur angezapft werden, dann kann es auch ausgeschöpft werden. Damit Väter eine Bezogenheit auf ihre Kinder herstellen, braucht es allerdings besonderer Ermutigung, weil, anders als bei Müttern, die körperliche Vorab-Einheit nicht da ist. Geht eine Kultur den Schritt und ermutigt Männer nachhaltig, praktizierende Väter zu werden, so kommen die Glückshormone sozusagen sekundär, aber deshalb nicht weniger physiologisch oder *natürlich* hinzu. Auch die Kultur kann, was das Verhältnis der Generationen betrifft, ganze Arbeit leisten. Denn so plastisch wie die Natur, so kräftig von Einfluss ist die Kultur auf sie. Den Müttern eine spontane Neigung abzusprechen, ihr kleines Kind bei sich zu haben, es zu nähren, zu trösten und zu herzen, widerstreitet aller Erfahrung und ist sinnlos. Um das Problem zu lösen, das sich für Frauen in dem Konflikt zwischen beruflichem Ehrgeiz und Lust auf Kinder heutzutage stellt, bedarf es keiner falschen Parolen wie: Mutterliebe ist bloße Dressur, sondern des Hinweises darauf, dass auch Vaterliebe keine Dressur, sondern eine ebenso natürliche wie kulturell wertvolle Anlage darstellt und dass selbst dritte Personen, Krippenerzieher und Kindergärtnerinnen, zu einer mit Freude übernommenen Verantwortung für Kinder fähig sind. Unsere Hormone sind viel weniger unabhängig von unseren Entschlüssen und Taten, als wir glauben. Wobei wir uns in der Praxis und im Leben gar nicht darum kümmern müssen, dass sie es sind, die etwas in uns »auslösen«. Wir dürfen gerne glauben, dass »wir selbst« es sind, die danach streben, Kinder zu haben und die Beziehungen zu ihnen zu genießen.

Es bleibt indes dabei, dass eine der wichtigsten Errungenschaften der Emanzipation in der allgemeinen

Akzeptanz besteht, auf die Frauen stoßen, die nicht Mutter werden wollen. Die kinderlose Karrierefrau, auch die Frau ohne Mann, die keine Karriere macht, aber ihr eigenes Brot verdient, wird heute nicht mehr verurteilt oder bedauert. Es mag ein paar Ewiggestrige geben, die sie scheel ansehen, aber die sterben aus. Die Schlacht ist geschlagen, die negative Freiheit, das moralische Recht, etwas *nicht* tun zu müssen, in unserem Fall: Kinder zu kriegen, ist für Frauen gewonnen. Für Männer war sie immer schon in Kraft. Frauen aber mussten den Sinn und Zweck ihres Daseins letztlich durch Geburten erfüllen, ein Zwang, der es ihnen schwer machte, sich Lebensziele jenseits von Ehe und Familie vorzustellen. Das 19. Jahrhundert war besonders erfinderisch darin, die angeblichen Pflichten der Frauen gegen den Herrgott, ihren Ehemann und die Kinder mit immer neuen Hoheliedern auf die seelischen und mit Verweisen auf die körperlichen Potenzen der Frau zu begründen und zu verbrämen und so den Männern neben den Territorien auch die Institutionen der weltlichen Erfahrung, Erforschung und Ausschweifung von Geist und Körper als ihre ureigenen zu reservieren. Frauen, die seinerzeit an Freiheit dachten, stellten diese Zuständigkeit des Weiblichen für die Fortzeugung des Lebens und die Organisation eines Hauswesens selten infrage. Aber sie dachten intensiv über Frauenbildung und -berufstätigkeit nach, weil sie ein großes Übel darin erblickten, dass eine Frau, die keinen Mann abgekriegt hatte, ein unglückliches Leben führen musste als ewige Tante oder »arme Verwandte«, wie es später bei Brecht hieß. Frauen sollten imstande sein, sich selbst durchzubringen, auch als Witwen oder – seltener – Geschiedene. Ihr »eigentlicher« Beruf aber war die Ehefrau und die Mutter. An dieser Zuständigkeit rüttelten auch emanzipierte Publizistinnen kaum. Das heißt: die vornehmliche Bezogenheit auf den Mann blieb gewahrt. Sie ist heute de jure aufgehoben. Und Frauen, die danach leben, werden nicht mehr angefeindet.

Dieser Wandel ist in seiner Bedeutung kaum zu überschätzen, aber er hat sich noch nicht völlig in die Seelen der Geschlechter hinein fortgesetzt. Während Mädchen auf die Stichworte Liebe, Erotik, Mann, Kinder, Haus, Familie mit starken Gefühlen reagieren und allen Vorstellungen, die sich darum ranken können, eine im Laufe ihres Lebens wachsende Relevanz zubilligen, reagieren Jungen verstärkt auf Stichworte wie Ehrgeiz, Wettstreit, berufliche Bewährung, Geld, Loyalität und Auto, wobei sie im Lauf ihres Lebens lernen, dass auch eine Familie einen Wert darstellen kann, und ihre Prioritäten ändern. Sagen wir es so: Die Schatten der traditionellen Bezogenheit sind lang und fallen immer noch auf die Seelen der Frauen. Die fühlen sich auf Männer bezogen und auf Kinder, suchen Liebe und Schutz, suchen Beständigkeit. Sie fallen auf die Seelen der Männer und führen sie zu anderen Männern: zu Wettkampf und Sieg, und wenn es eine Niederlage wird, suchen sie Fairness und Neustart, sie suchen das Abenteuer. Es gibt auch Männer, die anders drauf sind, die sich durch die Permanenz der Konkurrenz nicht inspiriert fühlen und lieber eine Nische suchen. Aber sie sind eine Minderheit. Es gibt auch Frauen, die ganz anders ticken als die Mehrheit ihrer Geschlechtsgenossinnen, es gab sie immer schon. Die Geschichte der Frauen, die in vergangenen Jahrhunderten wie Männer auf Entdeckungen aus waren und an den Hürden scheiterten, auf die sie überall stießen, und die dann genötigt waren, zu heiraten, um versorgt zu sein, ist nur in versprengten Fragmenten überliefert. Wie muss es sie gekränkt haben, ihres Wissensdurstes wegen verlacht zu werden und sich schließlich in die Langeweile einer Hausfrauenexistenz abgedrängt zu sehen. Es ist von feministischer Seite manches dazu gesagt worden, dass ja doch auch die Schicksale von auf ihre Häuslichkeit beschränkten Frauen zum Leben dazugehörten und insofern der Erwähnung in den Geschichtsbüchern wert gewesen sein könnten. Verglichen mit den Erfahrungshorizonten der Männer aber waren das vor allem Erfahrungen der Langeweile. Insofern ist es nachvollziehbar, dass die Chroniken wenig davon festgehalten haben.

Die in der Geschichte kulturell verstärkte Bezogenheit der Frauen auf ihre Kinder hat im Übrigen nicht dazu geführt, dass das Familienglück überall freudig genossen worden wäre. Es war in der traditionalen Gesellschaft durch den Mangel an Verhütungswissen beziehungsweise durch die Hemmung, es umzusetzen, weil die Kirche es unterdrückte und seine Anwendung zur Sünde erklärte, getrübt und darüber hinaus wegen der Lebensgefahr, in der eine Gebärende stets schwebte, verdunkelt. Erst in heutiger Zeit kann die Freude am Zusammenleben mit Kindern den Entschluss, welche zu bekommen, befördern, erst heute ist der Kinderwunsch frei: Die Kirche hat nicht mehr dreinzureden, wenn Paare Liebe, aber keine Kinder machen, und der Staat hat auch nichts mehr zu rügen, wenn sie Eltern werden, ohne die Ehe zu schließen. Für Frauen haben sich durch diesen Wegfall von Zwängen ganze Welten geöffnet – sie können Mutter werden, wenn sie selbst es wollen, auch ohne Mann, und sie müssen sich kaum mehr rechtfertigen, wenn sie es nicht wollen. Sie können alle Ausbildungswege gehen und fast alle Berufe ergreifen.

Sind aber erst mal Kinder da, sieht es angesichts der männlich geprägten Berufswelt schlecht für sie aus. Denn »männlich geprägt« heißt in diesem Kontext: Der Arbeitgeber rechnet damit, dass sein Angestellter eine Frau zu Hause hat, die alles regelt, was dort geregelt werden muss, und die ihm »den Rücken frei hält«.

Eine weibliche Angestellte hat aber keine solche Frau zu Hause, was nun? Sollte etwa der Mann ...? Der Chef setzt voraus, dass Männer lieber selbst bei ihm arbeiten, als daheim Dinge zu regeln. Und er schätzt Männer so ein, dass sie ihrer Frau lieber ein Kind machen, als ihr den Rücken frei zu halten. Und was dann? Also stellt der Arbeitgeber einen Mann ein. Bei Frauen riecht er Probleme. Gesetze, die Diskriminierung bekämpfen, ändern nichts an seiner Nase. Das ist die Situation. Addiert man die jeweilige Bezogenheit von Frauen und Männern hinzu, ahnt man, warum es so lange dauert mit der Gleichstellung im Arbeitsleben. Sogar der ungleiche Lohn wird dann besser erklärbar. Männerlöhne waren immer für den Erhalt einer ganzen Familie gedacht, Frauenlöhne nur für eine Person und dann auch noch auf Zeit – denn die Frau konnte (und sollte!) ja bald wieder einen Mann finden, der für sie sorgte. Aus dieser historischen Tatsache rühren die Differenzen in Gehältern und Löhnen bis heute – man sieht daran, wie mächtig die Vergangenheit als Tradition und Gewohnheit ist und wie schwer es eine Kategorie wie Gleichheit hat, im Leben Gewicht zu gewinnen.

Kapitel 4: Gewalt

Ein klares Ja auf die Frage, ob Frauen der Gewalt ferner stünden als Männer, hätte den Augenschein auf seiner Seite. Die allermeisten Gewaltverbrechen werden von Männern verübt. Und Kriege waren in der geschichtlichen Zeit Männersache, die Ausnahmen sind zu rar, als dass sie diese Feststellung einschränken könnten. Auch private gewaltsame Händel, von der Saalschlacht bis zum Showdown, haben Frauen nur sehr selten eine Rolle zugeteilt. Gewalt gegen Kinder und Hunde, gegen Sachen und gegen den eigenen Leib kennt Frauen dann schon eher als Subjekt. Und wenn wir den Gewaltbegriff erweitern und nicht nur Schießen, Schlachten, Schlagen, Notzüchtigen als Gewalt ansehen, sondern auch sublime Formen des Drucks, von der Gefühlsrohheit bis zur Beleidigung, spätestens dann kommen uns massive Zweifel, ob Frauen es tatsächlich so sehr mit der Sanftmut halten. Aber eine solche Erweiterung des Begriffs ist heikel, nehmen wir davon lieber Abstand und lassen wir allein den unmittelbar körperlichen oder sonstigen materiellen Übergriff als Gewalt gelten. Auch für diesen Fall bleibt zweifelhaft, ob Frauen die geborenen Friedensengel sind.

Vielleicht kommen wir der Sache näher, wenn wir auf zwei bis heute diskutierte Thesen zurückgehen und prüfen, was beide für und was sie gegen sich haben. These eins lautet: Frauen sind in der Tat weniger gewaltaffin als Männer, sei es aus Gründen, die mit der Mutterschaft zusammenhängen, sei es, weil sie zur Konzilianz erzogen werden – in jedem Fall ist die empirisch offensichtliche Fähigkeit von Frauen zum Ausgleich eine Stärke, die es zu pflegen gilt. Diese These wird von politisch rechts Stehenden vertreten, die weibliche Konkurrenz in Politik und Berufsleben eher fürchten und Frauen unter Verweis auf deren Geduld in die Familie abschieben wollen, aber auch von solchen Konservativen, die gegen wachsende Partizipation von Frauen nichts einzuwenden hätten und sich von mehr Frauen in Parlamenten und Vorständen eine Pazifizierung des sozialen Umgangsstils versprechen. Die treffen sich mit »konservativen« Feministinnen, welche den Emanzipationsprozess zwar voranbringen möchten, aber nicht um den Preis einer Vermännlichung oder Neutralisierung weiblicher Besonderheiten, Verhaltensweisen und Werte.

These zwei lautet: Frauen sind »eigentlich« genauso kampflustig wie Männer, sie sind lediglich durch ein jahrtausendealtes Patriarchat daran gehindert worden, ihre Courage zu erproben. Schon die Frauenbewegung ist ein einziger Beweis für weibliche Konfliktfähigkeit. Gibt man Frauen die Chance zu kämpfen, wartet man die Reife einer anders erzogenen Mädchengeneration ab, so wird man sehen: Auch Frauen sind streitbar. Das heißt natürlich, dass die Gesellschaft ihre Erlösungshoffnungen von ihnen abziehen muss, jedenfalls solange sich die auf eine Frauen zugeschriebene Friedfertigkeit stützen. Eher schon vermöge ihrer praktischeren Klugheit und ihres durch lange Unterdrückungserfahrung erworbenen Blicks fürs Wesentliche können Frauen die Welt verbessern. Aber ist das ihre Aufgabe? Erst mal müssen sie sehen, wo sie selber bleiben. These zwei wird von radikalen Feministinnen vertreten, die wissen, dass die Emanzipation den Männern Kosten aufhalst, und die deshalb mit einem lang andauernden Geschlechterkrieg rechnen.

Nun zum Für und Wider. Was an These eins überzeugt, ist die Empirie: Frauen *sind* mehrheitlich weniger aggressiv als Männer, und dass diese Tatsache auf Repression zurückginge, also in ihr Gegenteil umschlüge, wenn Frauen nur erst mal auf die Schlachtfelder entlassen würden, ist nicht zu beweisen. Umgekehrt bleibt Friedfertigkeit als angeborene Stärke von Frauen auch bloß eine Hypothese, und selbst wenn noch so viele Hormone die Frau zur Demut disponierten: der Mensch ist so weitgehend auch Herr und Herrin seiner Biologie, er überformt und modifiziert sie so mannigfach, dass wir uns schwerlich ausgerechnet bei weiblichen Geschlechtshormonen in biologischen Determinismus verrennen dürfen.

Was These zwei sympathisch macht, ist ihre Skepsis: Diese These rät davon ab, Frauen als Weltenretterinnen zu überschätzen, und man ahnt, dass so eine Warnung etwas für sich hat. Wenn es stimmt, dass die weibliche Milde ein bloßes Produkt von Zurichtung, Druck und Drohung ist, kann es nicht weit her mit ihr sein, dann darf die Welt von solcher erzwungenen Demut keine Befriedung erwarten. Aber die Unterstellung, weibliche Aggression sei nur gestaut und bereit hervorzubrechen, um mit dem Patriarchat abzurechnen, wenn die Stunde geschlagen habe, klingt eben nicht allzu überzeugend. Eine über Jahrhunderte unterdrückte Fähigkeit nähme Schaden und äußerte sich, wenn sie's endlich darf, nie mit dem Ungestüm des ersten Tages. Ferner haben ja Traditionen, auch evolutionäre Veränderungen des menschlichen Charakters eine Prägekraft, von der weder Individuen noch Gruppen sich so einfach freimachen können, auch nicht, wenn sich die äußeren Bedingungen im Sinne einer solchen Freiheit geändert haben. Ergo: Die Skepsis von These zwei muss auf ihre implizite Prognose ausgedehnt werden. Wir wissen nicht, ob Frauen

»eigentlich« aggressiver sind und ob sich das zeigen wird, wenn sie erst mal massenhaft in die Arena dürfen. In der Tatsache, dass die freier erzogenen in den 1960er Jahren Geborenen heute erwachsen sind und in manchen geschlechtsbezogenen Neigungen keinen bedeutenden Unterschied zu älteren Generationen zeigen – immer noch drängt es zum Beispiel Mädchen stärker in die sozialen Berufe als Jungen –, liegt eher ein Gegenbeweis.

Und wie ist es nun wirklich?

Verwickelt. Räumen wir ein, dass in beiden Thesen Elemente von Wahrheit stecken, und probieren wir etwas Drittes: einen Blick nicht nur auf den Gegensatz, sondern auch auf das Zusammengehen der Geschlechter, auf die Arbeitsteilung, die sich gerade in Fragen und Zeiten von Krieg und Gewalt zwischen ihnen herstellt. Wer die Anfänge der Neuen Frauenbewegung in Erinnerung hat, weiß noch, wie empört die Feministinnen der ersten Stunde auf die Zurechtweisung der rebellierenden Studenten reagierten, sie, die Frauen, seien mit ihren Problemen doch nur ein Nebenwiderspruch. Das Operieren mit einer Hierarchie von Widersprüchen riecht in der Tat nach Dogmatismus, es bleibt aber etwas Richtiges an dem Gedanken, dass der Geschlechtergegensatz als ein biologischer in Grenzfällen abgeschwächt und dass die Geschlechterherrschaft, also die Dominanz der Männer, und die (mehr oder weniger) subversive Auflehnung der Frauen dagegen auch zugunsten von Übereinkünften und Kooperationen durchbrochen werden kann. Der Geschlechtergegensatz ist zwar elementar und evident, aber nicht absolut. Die Möglichkeit der (Ver-)Einigung von Mann und Weib erscheint nicht nur als das »ganz Andere« ihres Gegensatzes und Konflikts, sondern auch als deren Bedingung. Frauen hätten sich kaum den männlichen Vormund so lange gefallen lassen, wenn er ihnen nicht auch gefallen hätte, das heißt, wenn da nicht die Liebe wäre, die lehrt, Erniedrigungen zu ertragen, und die es auch den Patriarchen immer wieder nahegelegt hat, von ihrem Thron zu steigen und sich *neben* die Frau zu begeben, die Überlegenheitspose also auch mal zu suspendieren. Wir müssen bei der Frage nach der »natürlichen Sanftmut« der Frau – eine Formel aus der Zeit der Romantik – beides im Blick behalten: den Konflikt zwischen den Geschlechtern und die Koalition, den Gegensatz und die Einigung.

Beginnen wir mit Konflikt und Gegensatz.

Was Frauen durch die Menschheitsgeschichte immer wieder, in jedem weiblichen Individuum, jedem weiblichen Kind und fallweise täglich aufs Neue haben lernen müssen, ist, dass Männer körperlich stärker sind. Deren physische Überlegenheit, zunächst das Mehr an Größe und Gewicht, dann aber auch die fürs Zuschlagen und Klaviertragen günstigere Ausstattung mit Muskulatur, der dafür dienlichere Bau der Gelenke und ein passender Stoffwechsel, ist eine Naturvoraussetzung, welche die Geschlechter trennt. Sie kann wohl stark modifiziert, aber wahrscheinlich nicht völlig aufgehoben werden – hier irrt der Feminismus, sofern er die relative Zartheit des Frauenkörpers einer restriktiven Erziehung anlasten will. Männer sind Frauen nicht allgemein und in jeder Beziehung körperlich überlegen, sondern nur oder insbesondere in Bezug auf die sogenannte Schnell- und Sprungkraft. Frauen schlagen Männer bezüglich physischer Ausdauer, Dehnbarkeit ihrer Bänder und Sehnen sowie physiologischer Anpassungsfähigkeit. Aber diese Pluspunkte zählen nur auf die mittlere und lange Frist, nicht im Fall eines Zweikampfes. Wenn es der Augenblick ist, der entscheidet, und wenn es die nackte Körperkraft ist, die er als seine Waffe gewählt hat, dann siegt der Mann. Wahrscheinlich kann man die Langzeitwirkungen, die diese archaische, phylogenetisch frühe und wiederholte Erfahrung von körperlicher Unterlegenheit, sprich Bedrohung, auf die weibliche Psyche und Kollektivmoral ausgeübt hat, gar nicht überschätzen. Notabene: Wenn hier von körperlichen Unterschieden die Rede ist, so soll doch darüber nicht vergessen gemacht werden, dass psychische und kulturelle Differenzen nicht etwa folgen, sondern sich zeitgleich entwickeln, dass die Biologie in einem kulturellen Bett fließt und die Kultur sich immer mit natürlichen Bedingungen arrangieren muss.

Es steht zu vermuten, dass der weibliche Sozialcharakter, so wie er sich im Laufe von Jahrtausenden herausgebildet hat und bis heute trotz aller Korrekturversuche von Aufklärung und Erziehung überdauert, das Produkt einer uralten, komplizierten *Defensive* ist. Im Laufe der Zeitalter entwickelte die Frau ihre typischen Verhaltensformen der Verteidigung und Prävention, um sich selbst und ihre Kinder vor männlicher Gewalt zu schützen. All diese Übungen sind in ihrer Erscheinung, ihrem Verhaltensrepertoire, in ihren Gesten und ihrer Mimik, ihrer Spontaneität und ihrer Intelligenz aufbewahrt, abgelagert, umgesetzt.

Die starke Ausprägung des ästhetischen Körperbewusstseins, das Schön-sein-Wollen bei Frauen ließe sich in dieses Erklärungsmodell einfügen. Die Verführung hätte dann auch immer den Nebensinn gehabt, einen potenziellen Körperverletzer auf andere Gedanken zu bringen, ihn milde zu stimmen, um die drohende Vergewaltigung durch eine Werbung zu ersetzen. Es spricht zunächst manches dagegen, so offensichtlich kulturell erzeugte Erscheinungen wie den notorischen Narzissmus der Mädchen anthropologisch zu deuten, auch fallen einem afrikanische Stämme ein, bei denen sich nur die Männer putzen, und es muss zugestanden werden, dass die Kulturschuld an der weiblichen Eitelkeit beträchtlich ist. Indessen: wer je die Chance hatte, eine größere Gruppe von Kindern beiderlei Geschlechts von ihrer Geburt bis zur Schulreife in denkbar günstigen, progressiv-egalitären Erziehungsmilieus zu beobachten, kommt nicht umhin, anzuerkennen, dass der weibliche Hang zum expressiven Chic irgendwie doch sehr tief sitzt – und sich deutlich kräftiger artikuliert als der männliche. Im Rahmen unseres Erklärungsmodells wäre das nur zu plausibel – und gar nicht verwerflich. Jener Hang wäre nichts weniger als die Vorform einer *Zivilisationstechnik*. Denn was ist der Prozess der Zivilisation anderes als die sukzessive Verdrängung roher, gewaltförmiger Umgangsweisen zwischen Individuen und Gruppen durch symbolische, seien es verbale, mimische, gestische oder sonst wie expressive? Wobei wir es zu einer Substitution nie gebracht haben, die Gewalt ist immer noch da. Aber die Schwelle, jenseits derer sie ausbricht, ist durch die Zeitalter hindurch angehoben worden, eine Errungenschaft, die uns (hoffentlich) bleibt.

Wenn man »Gewalt« und »Zivilisation« einander gegenübergestellt, so sieht man sofort, dass Frauen die ursprünglich zivilisierten und zivilen Wesen sind; sie hatten, um ihren Konflikt, aber auch ihre Verständigungsbereitschaft mit dem Mann auszudrücken, gar keine andere Chance als die der Zivilisationstechnik. Dass die Hirnhälftenforscher bei Frauen eine Überlegenheit im sogenannten kommunikativen Bereich ausgemacht haben, passt ins Bild; dieses weibliche Plus ließe sich als evolutionsgeschichtlich erworbene Defensivklugheit, als Ausdifferenzierung solcher Potenziale (Reden, Flirten, symbolischer Ausdruck) deuten, deren Entwicklung Frauen im Wettstreit mit den Männern doch noch Chancen eröffnen könnten. Dass dieselben kommunikativen Fähigkeiten auch für die Nachwuchspflege dringend gebraucht werden, hat sich sozusagen günstig gefügt. Die weibliche Harmoniefähigkeit wäre also eine Reaktionsbildung: Notgedrungen ließ die Frau die Keule in der Höhle, weil die ihr bei einer Begegnung mit dem vierschrötigen Nachbarn eh nix genützt hätte. Mehr durfte sie sich zu Recht von einem Appell an dessen Bereitschaft erwarten, sie zu schonen, einem Appell, der, vielleicht, wer weiß, gewürzt war mit dem Versprechen, es ihm einmal zu danken. Dass Mädchen die Zivilisationstechniken der Andeutung, des Winks, der List und des Spiels früher, feiner und reicher ausbilden als Jungen, ist ein Erbe des (notwendig) defensiven weiblichen Kollektivcharakters, das ihnen nur wirklich tumbe Burschen als Doppelzüngigkeit oder Unentschiedenheit übelnehmen. Die Frauen waren das Geschlecht des symbolischen Ausdrucks und der (häuslichen) Kultur, sie sind es immer noch.

Vieles von dem, was emanzipierte Frauen als Mädchengetue unangenehm, was andere Frauen als ihr »So-sind-wir-eben« ganz normal und was Machos als Weiberart zum Lachen finden, lässt sich plausibel erklären, aber eben auch nicht von heute auf morgen ändern. Man kann das Weibergequatsche und -getue als Sozialcharakter durchaus akzeptieren, sofern es eine elementare Kritik an dem auch heute noch gängigen Umgangsstil der rohen Gewalt und des materiellen Übergriffs ausdrückt. Zu einer Moral, die das Zeitalter der Gewalt gegen Personen überwinden hilft, gehört es, dass raufende Knaben und rempelnde Männer als peinlicher empfunden werden als kichernde Mädchen und schwatzende Frauen.

Sehen wir uns jetzt das Geschlechterverhältnis nach der anderen Seite an, nach der Übereinkunft, der Kooperation im Kontext gewaltförmigen Handelns. Als Paar und Familie haben Männer und Frauen gelernt, zusammenzuhalten und sich selbst, einander und ihre Kinder gegen Übergriffe zu verteidigen. Wenn es außerhalb kriselt, schließen sich die Fronten zwischen den

Geschlechtern mit Blitzgeschwindigkeit. Es ist deshalb problematisch, den Geschlechterkonflikt allen anderen Konflikten historisch und systematisch voranzustellen, wie es manchmal geschieht. Geblutet haben durch männliche Gewalt wahrscheinlich immer noch am meisten die Männer selbst.

In Kriegen agierten Frauen nicht als Protestierende, sondern als Strickerinnen von Pulswärmern gegen die Kälte des Schlachtfeldes, als Spenderinnen für die Kriegskasse, als Mut zusprechende Mütter und Bräute. Obwohl es auch die Frau gab, die den Krieg hasste und Sohn und Gatten von ihm fernzuhalten suchte – sie war eine Ausnahme. In der Regel fanden sich Frauen hinter dem Uniformrücken ihrer Kerle wieder, wenn es draußen donnerte. Lysistrata ist Literatur, Rosa Luxemburg wurde nicht gehört. Die allermeisten Frauen haben um ihre Männer gebangt, dabei gehofft, dass sie gewinnen und nicht die anderen, waren also schlicht und wenig ergreifend kriegerisch-unkritisch Partei. Friedfertigkeit als politische Opposition ist keine spezifisch weibliche Strategie. Kann es denn eine werden? Auch das ist fraglich. Man sollte da misstrauisch bleiben und Arnold Gehlen zitieren: »Die Frauen haben ihr Frauendenken, orientiert am Schutz des Lebendigen, Frieden, Wohlstand und Sicherheit, immer ausleben können, nicht weil sie Parias waren, sondern weil sie keine politische Verantwortung trugen und somit diese Gefühle bis zu jedem Grad der Verfeinerung kultivieren konnten.«

So wichtig es ist, die Geschichte unter weiblicher Perspektive zu betrachten beziehungsweise nach dem spezifischen Anteil der Frauen an der Menschwerdung des Affen zu fragen, so nötig ist es auch immer wieder, die Sonderwelten der beiden Geschlechter in einer einzigen Perspektive zusammenfließen, gleichsam ineinander aufgehen zu lassen. Wir erkennen dann, dass vieles, was wir als spezifisch weiblich oder männlich aufgefasst haben, sein Spezifisches der Polarität verdankt, der Tatsache, dass da ein geschlechtliches Gegenüber war, das als Bedingung für die Spezifität gewirkt hat, mit ihr also in enger Beziehung steht. Der weibliche Frieden und der männliche Krieg schließen einander vielleicht punktuell aus, über längere Zeitstrecken gesehen bedingen sie einander. Weibliche Ausgleichsbereitschaft nach innen und männliche Aggressionsbereitschaft nach außen können einander ergänzen; insofern verantwortet auch eins das andere. Herdfeuer und Kanone, sie lassen sich mit demselben Kienspan anzünden.

Im Übrigen ist es schlecht-naiv zu glauben, dass Frieden durch ein internationales Harmoniebewusstsein gefördert werden könnte. Er muss zwar durch ein solches Bewusstsein nicht gestört werden, aber um ihn zu sichern, braucht es mehr. In Sachen Friedenspolitik sollte man sich nie auf sanfte Charaktere, sondern auf Intelligenz, Geschicklichkeit und Mut verlassen, denn, man weiß das, beim Frieden geht es um die Vermeidung des Zusammenstoßes, also um die Balance von Interessen, die auf lange Sicht nicht aufhören werden, gegensätzlich zu sein. Wer Politik macht, ob Mann oder Frau, muss die Existenz gegensätzlicher Interessen akzeptieren, anstatt sich der Hoffnung zu verschreiben, dass die Menschen sich vertragen. Frauen lernen Ersteres in dem Maße, wie sie in die Männerwelt der Politik vordringen. Sie lernen mit Ungeduld, Geschwindigkeit und Erfolg, und es besteht Grund, Erstaunliches von ihnen zu erwarten. Eine Garantie für Frieden aber geben ihre häusliche Geschichte und ihre weniger geräuschvolle Art keineswegs her, nur eine gewisse Wahrscheinlichkeit, dass sie mit der belebenden Energie der historischen Anfängerinnen etwas für eine Politik der Entspannung leisten.

Jetzt müsste sich eine These zur weiblichen Gewaltferne formulieren lassen, die Einflüsse sowohl seitens der Biologie als auch der Geschichte respektiert, sich allzu kühner Schlussfolgerungen enthält und doch eine bündige Zustandsbeschreibung erlaubt: Frauen sind nicht als Geschlechtswesen gewaltfrei, sie sind als Geschlechtswesen einer überlegenen männlichen Gewalt ausgesetzt, bevor sie sich noch, als Individuen, entscheiden können, ob sie sich in den elementaren kämpferischen Disziplinen, dem Raufen, Jagen, Ringen, Auf-Bäume-Klettern und Fußballspielen, üben wollen oder nicht. Ihre Kampfesweise, die sie in der Koexistenz mit dem männlichen Geschlecht ausgebildet haben, ist von vornherein defensiv, aber sie ist doch eine Kampfesweise. Sie ist gewaltfern, weil sie das körperliche Sich-Messen meiden muss, sie setzt auf symbolische Formen, auf den Wettkampf im körperlichen Ausdruck und in der Sprache. Sie entwickelt hier Instrumente, die Streit vermeiden, aber auch für ihn taugen sollen: Verstellung, List, subtile Kränkung. Selbstverständlich fechten auch Männer mit solchen Waffen; da die für sie aber immer als Alternative zum Faustschlag existieren, sind sie in der Regel weniger differenziert.

Vom weiblichen Sozialcharakter mehr zu erwarten als die Pflege symbolischer Umgangsweisen zwischen den Geschlechtern, ist allerdings kaum gerechtfertigt. Ist das Kriegsbeil zwischen den Geschlechtern begraben, taten und tun Frauen wenig, es auch zwischen Gruppen und Nationen begraben sein zu lassen. Sie fürchten den Mann ja nicht nur wegen seiner Gewaltbereitschaft, sie brauchen und benützen ihn aus demselben Grund als Schutz. Wenn Gewalt an die Stelle von Verhandlung und Diplomatie tritt, erheben Frauen nicht häufiger Einspruch als Männer, sie schlagen sich auf die Seite der Ihren und hoffen für sie. Dieser Egoismus macht sie mitschuldig, aber eine so subjektive Kategorie ergibt hier wohl keinen Sinn. Sagen wir so: Die Tatsache, dass die Frau den Krieger in den Krieg ziehen lässt und nur um ihn und nicht um die Menschheit fürchtet, erhebt ihre Humanität, ihr Ethos nicht über das des kriegslustigen Mannes. Höchstens insofern Frauen an der Geschichte von Kriegen subjektiv weniger Anteil hatten, kann man ihnen einen Bonus zubilligen, aber nicht mit einem positiven, sondern mit einem neutralen Index, denn wir wissen nicht, wie ihre Entscheidungen ausgesehen hätten, hätten sie mehr Gelegenheit gehabt, welche zu fällen.

Es hört sich ja nun ebenso banal wie furchtbar an, dass wir uns, was die Grundlage von etwas so Komplexem wie der Geschlechterbeziehung angeht, immer noch im Zeitalter des Faustrechts aufhalten sollten. Aber es ist letztlich so, wenngleich Wandlungen sich abzeichnen. Die Überlegenheit des Mannes über die Frau beruht heute wie einst auf nichts anderem als auf seiner Muskelmasse; für einst mag das ja angehen, aber für heute, das Zeitalter der intelligenten Maschinen, ist es eine Beleidigung. Das empfanden die Männer, als unser Zeitalter noch jung war, sehr genau, woraufhin sie rasch die These von der geistigen Unterlegenheit der Frau aufstellten. Aber dieses unser Zeitalter war zu intelligent für eine solche These, es widerlegte sie. Arm in Arm mit der Technik, welche die Legitimation sozialer Macht als Folge überlegener Körpermasse vernichtete, marschierte die Frauenbewegung. Zu ihren Hauptanklagepunkten gehört seit vierzig Jahren die Gewalt gegen Frauen. Die Männer stehen da und kratzen sich am Kopf. Körperkraft ist kein sozial nützlicher und notwendiger Vorteil mehr. Der Hebekran, den auch ein Weib bedienen kann, ersetzt den Muskelmann. Und die Dinge des täglichen Gebrauchs werden immer handlicher, Klaviere neuerer Bauart sind leicht wie Plastikmöbel. Die physische

Stärke und ihre Pflege sinken oder steigen, je nach dem, wie man es betrachten will, von der Ebene der sozialen Notwendigkeiten in die Sphäre der ästhetischen oder sonstigen symbolischen Akte, vor allem in die von Regeln eingefassten Welten des Sports.

Derweil ist die unregulierte Gewalt nicht verschwunden, weder zwischen Völkern noch Gruppen, noch Geschlechtern. Ihre Existenz und ihre verrohende, enthumanisierende Wirkung wird aber heute, und da liegt doch ein Wandel, nicht mehr als Fatalität hingenommen, sondern als Verirrung gebrandmarkt, sie wird nicht mehr nur beklagt, sie wird vors Tribunal gezogen. Der Mann darf seine Frau nicht mehr schlagen, wenn er sich über sie ärgert, und wenn er es doch tut, kommt er in die Therapie, vor Gericht oder ins Fernsehen. Private Gewalt ist heikel geworden, offene is es eh. Natürlich wird sie immer noch ausgeübt und oftmals vertuscht oder entschuldigt – aber das geht nicht mehr so einfach wie in den Zeiten, in denen sich das Patriarchat seiner selbst und der Weiber noch sicher war. Die Frauenbewegung hat etwas verändert. Langsam, aber sicher setzt sich, zumindest innergesellschaftlich, ein weiblicher Sozialcharakter der Bevorzugung indirekter und symbolischer Formen der Konfliktaustragung durch. Schaut man auf das Fortwirken gewaltförmiger Auseinandersetzungen, fragt man sich allerdings bang, wie lange es denn noch dauern soll, bis wir aus den Anfängen der Zivilisation heraustreten und damit Ernst machen können, sie angstfrei auszugestalten. Das ist eine Frage, der die Geduld abhandengekommen ist, die man braucht, wenn man über Gewalt nachdenkt. Näher liegt leider die Sorge, was denn zu tun sei, um den jetzt erreichten Stand innergesellschaftlichen Friedens zu erhalten.

Kapitel 5: Macht

Waren Frauen immer nur in der Defensive? Gab es nicht auch *mächtige Frauen* in der Geschichte, die Truppen losschickten und Kriege führten? Die Länder eroberten und Gegner vernichteten? Es gab sie vergleichsweise selten, aber sie kamen vor, also kann man nicht behaupten, dass *alle* äußeren Räume und Schauplätze von Herrschaft *allen* Frauen in geschichtlicher Zeit verschlossen waren. Und hatten nicht auch Frauen, die im Schatten ihrer Männer vor sich hinlebten, ohne es zu einem Eintrag in die Geschichtsbücher zu bringen, ihre ganz eigene Art von Macht – über ihre Männer, ihre Kinder, ihren häuslichen Bereich? Müssen wir nicht auch über *weibliche Macht* sprechen?

Ein schwieriges Thema. Denn sowie wir verschiedene Formen von Macht voraussetzen: politische, militärische, wirtschaftliche, ästhetische, erotische, psychische, familiäre und so weiter, rücken wir von der Kategorie der Gleichheit ab, die in den letzten zweihundert Jahren für die Frauenemanzipation so hilfreich war. Man muss gedanklich einen Weg finden, über verschiedene Formen von Macht zu sprechen, ohne die Leitkategorie der Gleichheit aufzugeben. Wichtig ist dabei die Unterscheidung von Macht und Herrschaft. Letztere Kategorie sollte für unseren Kontext im Rahmen von Politik und Recht sowie sozialem Zusammenleben verortet bleiben und eine klare Nachweisbarkeit verlangen. Der Chef befindet sich gegenüber seinen Angestellten in einer Herrschaftsposition, er kann sie entlassen, sie ihn nicht.

Der Angestellte beherrscht seine Abteilung und speziell seine Sekretärin, die beherrscht den Praktikanten und sich selbst. Der Regierungschef beherrscht mit seinen Ministern das Land, der Bürgermeister seine Stadt, der Archivdirektor die Archivare. Herrschaft strukturiert Hierarchien, sie gehört zur Exekutive, und wenn ein Staat gut verfasst ist, wird sie gewählt, kontrolliert und gegebenenfalls ausgewechselt.

Macht ist diffuser. Sie taucht überall auf, wo Menschen etwas zusammen »machen«, gerne insgeheim oder inoffiziell, sie lagert sich an Kompetenzen und Positionen an, sie hat eine Schnittmenge mit der »Herrschaft«, aber sie ist nicht dasselbe. Macht hat sogar das Baby über seine Eltern mittels seiner durchdringenden Stimme, das will die Natur, damit an einem neugeborenen, sonst so machtlosen Leben nichts versäumt wird. Macht hat der Oberlehrer über seine Schüler, einfach, weil er alles weiß und weil, das war mal eine Losung der Arbeiterbewegung, Wissen Macht ist. Geld verleiht auch Macht, Reichtum erst recht. Macht übt der Priester aus, wenn er seinem Beichtkind ins Gewissen redet. Und der Mensch als sinnliches Wesen kann der Macht der Schönheit oder der erotischen Bezauberung erliegen wie der arme Professor Unrat der Macht der schönen Tänzerin. Macht ist situativ und wird leicht verspielt. Macht hat die große Schwester über den kleinen Bruder, wenn sie ihn im Klo einsperrt, um ihn dafür zu bestrafen, dass er gepetzt hat. Aber mit dieser Macht ist es schnell vorbei, wenn die Eltern nach Hause kommen. Macht hatte – um zu unserem Thema zurückzukehren – in Zeiten vor der Gleichberechtigung auch die Frau über einen Mann, insofern sie von ihm begehrt wurde und er litt, wenn sie sich entzog. Die Macht, dieser Wanderpokal in der Menschenhorde, konnte auch Frauen zufallen – die Gelegenheit, sie zu sichern, auszubauen und in stabile Herrschaft zu überführen, hatten sie aber jenseits des familialen Nahraums nur ausnahmsweise.

Diese Ausnahmen beschäftigen die Geschichtsschreibung und die Fantasie, denn sie widerlegen scheinbar die bittere Erkenntnis von der Machtferne der Frauen und lassen die Vorstellung von mysteriösen Machtreservoirs aufkommen, die Frauen seit je besitzen und die ihnen genügen sollten. Es könne dann auch, so die Schlussfolgerung, alles beim Alten bleiben. Aber es ist in Wirklichkeit nicht besonders geheimnisvoll. In Zeiten vor der Aufklärung mit ihrer Idee der Gleichheit waren Frauen in der Tat nur dann »an der Macht«, wenn in einer Dynastie männlicher Nachwuchs fehlte und nur sie übrig waren, als Witwen, Regentinnen für unmündige Söhne oder einzige Nachkommen. Die politische Macht lag zu Zeiten der großen Monarchien in den Händen von Familien, und da Frauen in Familien ihre (einzige) Rolle spielten, konnten sie in gewissen Situationen auch die Machtfrage stellen und sogar beantworten. Der Gemahl von Kaiserin Theophanu starb jung, so musste oder durfte sie am Ende des ersten Jahrtausends unserer Zeitrechnung für ihren kleinen Sohn, der später als Otto III. Kaiser wurde, die Reichsgeschäfte führen und sich als weitblickende Politikerin bewähren. Christina von Schweden sollte natürlich ein Junge werden und erbte die Krone, weil sie die letzte aus dem Geschlecht der Wasa war, und nicht, weil man im 17. Jahrhundert schon so kühn war, einer Frau freiwillig die Regierungsämter anzuvertrauen. Die Macht hing an den Dynastien, und wenn es keinen Thronfolger gab, dafür aber eine Königstochter, dann gab man lieber ihr die Krone, ehe die Macht an einen anderen Clan verloren ging. Zur Not wurden dafür die Gesetze geändert, die meist nur die männliche Thronfolge vorsahen. Elisabeth Tudor kam in England zum Zuge, nachdem zwei andere Sprösslinge ihres Vaters Heinrich VIII. den Thron bestiegen hatten und früh verschieden waren. Sie war die Tochter von Anna Boleyn, um derentwillen sich Heinrich von seiner ersten Gattin hatte scheiden lassen, weil die keinen Jungen gebar. Von Anna versprach er sich den ersehnten Sohn, und dann wurde es wieder ein Mädchen! Heinrich war verzweifelt, hatte er sich doch wegen dieser Ehe, die der Papst nicht anerkannte, von Rom losgesagt. Er schickte Anna aufs Schafott und nahm die nächste Dame, die ihm dann auch wirklich einen Sohn schenkte. Aber Eduard VI., schon als Knabe auf den Thron gesetzt, war schwindsüchtig und starb nach kurzer Regierungszeit. Ihm folgte Maria, Heinrichs Tochter aus erster Ehe, die England wieder katholisch machen wollte. Es ging nicht gut aus, erst unter der »Gloriana«, Beiname Elisabeths, die 1559 den Thron bestieg, kehrte so etwas wie Stabilität auf die Insel zurück. Es ist eine Ironie der Geschichte, dass ausgerechnet Elisabeth, die für Heinrich aufgrund ihres Geschlechtes eine so bittere Enttäuschung gewesen war, dem Zeitalter ihren Namen gab und sich als große Staatsfrau erwies; sie führte die Politik ihres Vaters fort und schaffte es schließlich, die englischen Religionskriege (Vorläufer des Dreißigjährigen Krieges auf dem Kontinent) zu befrieden. Zwei Jahrhunderte später erwarb Maria Theresia von Habsburg vergleichbare Verdienste in schwierigen Zeiten; auch sie war als Tochter eines Vaters an die Regierung gelangt, dem der Herrgott einen Sohn verweigert hatte. Um zu verhindern, dass sein Geschlecht ausstarb, paukte Karl VI. vorsorglich die »Pragmatische Sanktion« durch, ein Gesetz, das die weibliche Thronfolge erlaubte. Zu Maria Theresias Zeit regierte auch im Zarenreich eine Frau: Katharina II. Die preußische Prinzessin war nach Moskau verheiratet worden und als Witwe an die Macht gelangt. Ob sie an der Beseitigung ihres geistesgestörten

Mannes beteiligt war, ist umstritten. Ihr Beiname »die Große« spricht für ihr Format.

Es gibt weitere Beispiele, es sind aber nicht viele. Was lehren sie uns? Erstens: Dass Frauen führen und regieren können, ja, dass unter den ganz großen Herrscherpersönlichkeiten der Geschichte die wenigen weiblichen alle Vorurteile über das »schwache Geschlecht« beiseite fegen. Zweitens: Die Umstände ihres Aufstiegs und ihres Wirkens erweisen diese bedeutenden Frauen als *zufällige* Gewinnerinnen, die nur nach oben kamen, weil die familiäre Einbettung der Macht in Zeiten der absoluten Monarchie (und davor) ihnen bei Lücken in der Erbfolge Chancen bot. Die republikanische Staatsform unterdrückte machtbewusste Frauen weit schärfer. Erst in unseren Zeiten der zunehmenden Gleichberechtigung kommen sie zum Zuge. Womit zugleich gesagt ist, dass der Befund: Frauen waren in vormodernen Zeiten *im Prinzip* von den Räumen der Macht ausgeschlossen, eben doch richtig ist. Sie saßen auf Thronen und führten die Regierungsgeschäfte als Quasi-Männer, als Platzhalter für den nächsten männlichen Prätendenten. Sie waren als Notlösung gedacht, damit das *Blut* einer Dynastie mit der Macht verbunden blieb – aber nur, um dem nächsten Vetter, Bruder oder Sohn, der einen legitimen Anspruch besaß, das Szepter zu überlassen. De jure waren sie immer Lückenbüßerinnen. Dass sie de facto mehr daraus machten, ja, dass sie die Welt in Erstaunen versetzten und Geschichte schrieben, war eine wichtige Bedingung für die spätere Anerkennung der Gleichheit als organisierenden Prinzips im Verhältnis der Geschlechter, die sich mit der Moderne nach und nach, mit vielen Rückschlägen, in der westlichen Welt durchsetzte.

Aber auch Frauen, die keine Kronen trugen, haben, so heißt es, ihre ganz besondere Art von Macht ausgeübt, sofern sie innerhalb eines Familienverbandes als Mütter, Gattinnen und Töchter ihre Rollen spielten. Lebten sie in der Aristokratie, konnten sie über ihre Männer oder Söhne politischen Einfluss ausüben; selbst Mätressen, wie Madame de Pompadour an der Seite Ludwigs XV. von Frankreich, durften mitregieren. Es war aber immer nur ein »mit«, und die Quelle ihrer Macht war die Familie oder ein anderes intimes Band zum männlichen Machtzentrum. Bürgerliche Frauen verfügten in alten Zeiten als Witwen öfter mal über große Einfluss- und Machtsphären, etwa wenn sie eine Firma erbten oder eine Konzession übernahmen, aber auch sie waren Platzhalterinnen, sie führten die Geschäfte in Vertretung für ihre verstorbenen Männer und oft nur so lange, bis der Sohn erwachsen war.

Eine ganz andere Sorte Macht war mit der Fähigkeit von Frauen verbunden, innerhalb der Familie auf Mann, Kinder und den Zusammenhalt aller einzuwirken. Diese Macht gilt als die eigentlich weibliche, und sie wird heute noch manchmal erwähnt, um den Geschlechterkampf zu befrieden. »Was wollt ihr denn noch?«, sagt so mancher Mann in gemischter Runde, weil er die immer wieder vorgetragenen Ansprüche der Emanzen satt hat, »ihr verfügt doch über die größte Macht, die es gibt: über die Herzen der Männer.« Dieser Spruch war der Cantus firmus in den Kommentaren der Chronisten zu den Bemühungen von Frauen um Gleichheit und Wahlrecht im 19. Jahrhundert und um Gleichberechtigung und Freiheit im 20. Jahrhundert, wobei man im 19. hinzufügte, dass Weiblichkeit mit mangelnder Intelligenz, Geisteskraft und Impulskontrolle einhergehe. Diese Behauptungen wurden im letzten Jahrhundert leiser. Ganz verklungen sind sie immer noch nicht. Kurz: Die häusliche Macht der Frauen wurde zu einem bedeutenden Herrschaftstitel umgewidmet, wiewohl sie ja nur eine sehr begrenzte Sphäre umgreift. Aber wenn man Herzen ins Spiel bringt, wird der Ort der Macht psychisch und vage. Damit haben sich Frauen lange Zeit abspeisen lassen. Wollten sie eigentlich wirklich mehr?

Einige ja, andere nicht. Bis heute besitzen Frauen in weiten Teilen der Welt nur die Macht, die ihnen in der Familie zukommt, wobei ihre angeblich unbeschränkte Verfügung über die Herzen der Männer und Kinder von patriarchalen Imperativen durchpulst, also auch wieder nur ein Reflex männlicher Macht ist. Die Mütter sind in Weltgegenden, in denen das Gesetz des Vaters über allem steht, häufig diejenigen, die noch viel unerbittlicher als die Väter die Söhne verwöhnen und die Kontakte der Töchter überwachen und beschränken oder, wie in gewissen Ländern Afrikas, darauf bestehen, dass Mädchen beschnitten, also ihrer Lustfähigkeit beraubt werden. Was sie selbst durchgemacht haben, sollen auch die Töchter erfahren, und außerdem: Sie bekommen ja sonst keinen Mann. Diese schrecklichen Auswüchse der patriarchalen Gehorsamskultur werden auch von Frauen weitergegeben, von ihnen sogar oft mit dem größten Nachdruck, also muss man sagen: Die nicht-emanzipierten Frauen von heute wollen es nicht anders. Wirklich nicht? Naja, wie kann man etwas wollen, das man nicht kennt, von dem man zu ahnen meint, dass es gefährlich sei und nicht dem Willen Gottes gemäß – die Emanzipation?

Wir kommen immer wieder an den Punkt, an dem wir erkennen, dass erst die aufgeklärte *säkulare Gesellschaft* die Emanzipation wünschen und fördern kann. Insofern ist es wichtig, bei Verteidigung der Religionsfreiheit immer auf das Frauenbild zu gucken und beides zu trennen. Das Geschlechterverhältnis darf nicht in der Religion versacken und der Willkür von deren Auslegern überlassen werden. Es ist ja doch letztlich eine ziemlich weltliche Angelegenheit. Und so ist zu hoffen, dass die Frauen in den noch tiefreligiösen Gegenden unserer Welt das irgendwann selbst erkennen und entsprechend handeln. Die Devise sollte sein: Ein Mensch kann fromm und Gott wohlgefällig leben, ohne davon überzeugt zu sein, dass die Frau sich dem Manne unterzuordnen hat. Und ohne davon überzeugt zu sein, dass einer Frau außer der häuslichen Macht über den Herd und den Besen keine Autonomie zukomme.

Die häusliche Befugnis der Frauen lebt in Literatur und mündlicher Überlieferung als Karikatur von Macht fort. Berüchtigt ist der Hausdrachen, der sich selbst und der Familie das Leben schwer macht, weil er eine Tyrannei der kleinlichen Kontrolle über das Geben und Nehmen und Kommen und Gehen sämtlicher Mitglieder ausübt. Xanthippe hieß die Frau des Sokrates, sie war angeblich eine ständig keifende Hexe, die mit dem Stock in der Hand auf die mitternächtliche Heimkehr des Philosophen wartete; auch sie hat es in die Geschichtsbücher geschafft, ihr Name wurde zum Synonym für zänkische Hausfrauen. Über Mütter, die sich bei der Kinderpflege nicht entlasten lassen wollen, weil sie den Machtbereich Mutter-Kind-Bindung und damit die Kontrolle über den Nachwuchs nicht aus der Hand geben mögen, liest man heute noch in empirischen Untersuchungen. Vom Standpunkt der Emanzipation, die inzwischen erreicht ist, kann frau sagen: Die armen Weiber hatten (und haben vielfach) ja sonst nichts, deshalb übten und üben sie im Familienrahmen ein hartes Regiment aus. Das war aber nie der Standpunkt der Männer, die aus dem Genörgel ihrer Frauen nur typisch weibliche Persönlichkeitsstörungen herauslasen. Kurz: Die häusliche Macht der Frauen taugt, wenn sie die einzige sein soll, die Frauen zukommt, zu nichts mehr als zur Beförderung charakterlicher Schäden. Pierre Bourdieu hat in *Die männliche*

Herrschaft eine Art Schlusswort zu der Debatte, ob nicht die Frauen sich mit der häuslichen Macht bescheiden sollten, gesprochen: »Dieselben Dispositionen, die die Männer dazu bringen, den Frauen die untergeordneten Aufgaben und undankbaren Schritte zu überlassen (wie in unseren Breiten das Erfragen der Preise, das Prüfen der Rechnungen und das Nachsuchen um einen Rabatt), kurz, sich selbst von allen Tätigkeiten zu entlasten, die mit ihrer Vorstellung von Würde nur wenig vereinbar sind, veranlassen sie auch dazu, den Frauen ihre ›Borniertheit‹ und ›prosaische Kleinlichkeit‹ vorzuhalten.« Wie man es auch dreht und wendet – die den Frauen vom Patriarchat zugewiesene Macht über häusliche und familiäre Umstände ist nichts als der Zerrspiegel ihrer Ohnmacht.

Zugleich wird ersichtlich, dass wir, um produktiv über Emanzipation nachzudenken, uns nicht in eine Reflexion von Spezialformen der Macht zurückziehen dürfen. Das heißt für unseren Kontext: *Gleichheit* muss beim Nachdenken über Macht als Kategorie im Spiel bleiben. Es geht nicht an, Frauen unter Verweis auf die Spezialform »Hausmacht« in ihre Küchen einzusperren, sondern es muss sein, dass ihnen alle Machtformen, die es gibt, *gleichermaßen* zugänglich sind. Man kann jetzt spitzfindig werden und darauf hinweisen, dass die Machtform des erigierten Penis Frauen nicht zur Verfügung stünde. Gut, machen wir hier eine Ausnahme. Es wäre aber wohl die einzige. Sie lässt sich verrechnen mit der Machtvariante des Gebärenkönnens, die nur Frauen zukommt, womit wir quitt wären. Nun kann man noch sagen, dass diese ganze Debatte nicht nur nicht neu, sondern trivial ist. Wäre es doch so! Wir leben in einer Epoche des wiedererwachenden Nationalismus, in der auch Frauenrechte erneut auf den Prüfstand gestellt werden sollen. Also muss die Gleichheit, von der gedacht wurde, sie sei längst akzeptiert, erneut verteidigt werden – als Kategorie und Realität.

Das Haus als Ort, an dem die Frau walten darf und soll, hat nun noch einen anderen Gegensatz als die oben dargestellten »Räume«, zu denen Frauen der Zutritt verwehrt wurde. Übersetzen wir »Haus« mit »Privatheit«, finden wir als entgegengesetzte Sphäre die *Öffentlichkeit*. Hier wurden Fragen verhandelt, die alle angingen, und die Agenten der öffentlichen Verhandlungen, allen voran die Vertreter der weltlichen und geistlichen Machtzentren, waren ausschließlich Männer. Es gibt die Öffentlichkeit, erklären uns manche Historiker, erst seit dem Aufstieg des Bürgertums und der demokratischen Herrschaftsformen mit ihrem medialen Begleitkonzert, aber das stimmt nicht. Auch die Vormoderne und das Mittelalter, zu schweigen von der Antike, kannten eine lebhaft sich verständigende und missverstehende, vorwiegend religiös vermittelte Öffentlichkeit. Für das einfache Volk waren Kirchen, Messen, Prozessionen und Hexenverbrennungen, aber auch militärische Paraden und Marktplätze aller Art Orte von Öffentlichkeit, an denen es sich davon überzeugen konnte, dass Gottes Gebote eingehalten wurden, alles mit rechten Dingen zuging und die Preise stimmten. Beziehungsweise, an denen sie die Erfahrung machten, dass all dies nicht der Fall war. Frauen traten in dieser vormodernen Öffentlichkeit nicht als Akteurinnen auf, nur als Zuschauerinnen und Kirchgängerinnen, auch als Angeklagte bei Hexenprozessen. Wie die beruflichen Bewährungsfelder waren die Szenen der Öffentlichkeit allein für Männer vorgesehen. Je lokaler sie waren, desto eher konnte man Frauen dort finden. Auf dem dörflichen Obstmarkt boten sie ihre Äpfel feil, und zum Gottesdienst wurden sie ja auch erwartet (sofern man nicht, wie in den muslimischen Ländern, eigene Andachtsräume für sie vorsah).

Die Trennung der Geschlechter funktionierte auch an Orten, wo sie mit großem Eifer betrieben wurde, nie völlig, die Praxis des Lebens und der Liebe stand dagegen. Aber sowohl die vormoderne als auch die moderne Öffentlichkeit neigte dazu, Frauen an den Rand zu drücken oder ganz auszuschließen. Es ist deshalb nicht verwunderlich, dass die Revolutionärinnen von Paris in den Jahren 1789 und fortfolgend zunächst einmal danach strebten, Öffentlichkeit für ihre Belange zu schaffen. Auf diese Weise griffen sie nach Macht außerhalb der privaten Sphäre. Das war neu.

Sie gründeten eigene Clubs und Zeitschriften und vertraten ihre Sache auf offener Straße, sie schrieben Flugschriften und verteilten sie im Volk, sie mischten sich bei Versammlungen ein und demonstrierten massenhaft zur Einschüchterung des ersten und zweiten Standes. Théroigne de Méricourt forderte die Bewaffnung von Frauen, Madame Roland die Freiheit auch der Frauen, und Olympe de Gouges veröffentlichte gar eine »Erklärung der Rechte der Frau und Bürgerin«. Als es mit dem Terror losging, wurde auch der Kampfgeist der Frauen gebrochen. De Gouges und Roland starben 1793 auf der Guillotine, Méricourt wurde zusammengeschlagen und endete im Irrenhaus. Das Streben der Frauen in die Öffentlichkeit war in der Revolution aufgebrochen, konnte aber deren Degeneration nicht überleben. Die Engländerin Mary Wollstonecraft, die nach Paris gereist war, um dort ihre Streitschrift *Ein Plädoyer für die Rechte der Frauen* zu verteidigen, fuhr schleunigst nach Hause zurück. Ihr Buch ist immer noch im Handel.

Was wollten diese Frauen? Sie wollten dasselbe wie im gesamten 19. Jahrhundert beispielsweise diese Persönlichkeiten: Madame de Staël, Rahel Varnhagen, Mathilde Franziska Anneke, Louise Aston, Louise Dittmar, Luise Büchner, Louise Otto-Peters, Minna Cauer, Helene Lange,

Anita Augspurg – sie wollten Öffentlichkeit für ihre Anliegen. Letztere waren vielfältig, und die Kämpferinnen für die Emanzipation waren sich auch nicht immer einig. Aber dies wollten sie alle: *Bildung* für Frauen, Mädchenschulen, Berufsperspektiven für junge Frauen, die nicht an Ehe dachten, und Änderungen im Familienrecht, so die Möglichkeit für verheiratete Frauen, die Scheidung einzureichen, ihr Vermögen selbst zu verwalten, und Gleichstellung für nicht eheliche Kinder. Sie wollten die Frau mit Bildung und eigenem Geld – als Grundbedingung für Freiheit. In der zweiten Hälfte des Jahrhunderts kam die Forderung nach politischer Partizipation, vor allem mittels *Wahlrecht*, hinzu.

Im Gefolge der Umwälzung von 1789 liefen während der Jahrzehnte nach dem Wiener Kongress immer wieder revolutionäre Wellen durch die europäischen Länder; wenn diese Wellen hoch gingen, konnten Frauen wie einst in Paris Vereine gründen und Zeitungen herausgeben, wenn sie abebbten, war es damit vorbei, es hagelte Verbote und polizeiliche Kontrollen. Den Frauen wurde der Schritt in die Öffentlichkeit wahrlich schwer gemacht, auch übrigens von der Mehrheit ihrer Geschlechtsgenossinnen, die auf die Umtriebe der Frauenrechtlerinnen mit Skepsis und Abwehr reagierte. Aber die Kämpferinnen *brauchten* in erster Linie öffentliche Aufmerksamkeit. Die war selbst schon Macht, deshalb wurde sie auch so wütend vorenthalten, und sie war die Vorstufe zu allen Formen von Macht, die Frauen durch das Betreten bislang verbotener Räume erobern wollten: politische Herrschaft, wirtschaftliche Selbstständigkeit, wissenschaftliche Geltung, ästhetische Überzeugung. Der Kampf ums Wahlrecht nahm nachgerade groteske Züge an. Man fürchte, so argumentierten Parlamentarier allen Ernstes, um den zu schützenden Familienfrieden für den Fall, dass eine Frau eine andere

Partei wählen wolle als ihr Mann, schon deshalb dürfe man den Frauen das Wahlrecht nicht erteilen!

Die Frauen lachten zuletzt und am besten. Nach dem Ersten Weltkrieg errangen sie in vielen europäischen Staaten das Wahlrecht, die zögerlichen Länder folgten. Allerdings war dieser Reform nicht der Erfolg beschieden, den die Suffragetten sich erhofft hatten. Parteien mit der Forderung nach Frauenrechten im Programm wurden keineswegs signifikant häufiger gewählt. Ein wichtiger Erfolg war indes das passive Wahlrecht: Frauen zogen in die Parlamente ein. Gleichwohl musste der Kampf um die Emanzipation auch und vor allem außerhalb geführt werden – in der Öffentlichkeit des zivilen Lebens, durch Medien und Vorbilder. Es ging um nichts weniger als um den Status einer freien, privatrechtlich verantwortlichen Person, der für Frauen zur Zeit der Erringung des Wahlrechts noch nicht erreicht war. Sie waren rechtlose Anhängsel ihrer Männer. Louise Otto-Peters dachte an die Französische und die europäische 1848er-Revolution, als sie schrieb: »Dem Männerrecht nur galt das neue Ringen, / Das Frauenrecht blieb in den alten Schlingen. / Wohl grüßen treu die Männer sich als Brüder, / Nur Bürger gab es – nicht mehr Herr und Knecht. / Wohl sangen sie der Liebe Bundeslieder / Und fühlten sich als ein erneut Geschlecht. / Doch auf die Schwestern blickten stolz sie nieder, / Der Menschheit Hälfte blieb noch ohne Recht, / Blieb von dem Ruf ›Für Alle‹ ausgenommen, / Ihr muss erst noch der Tag des Rechtes kommen.«

Es bleibt zu fragen, woher der zähe Widerstand gegen einen Machtzuwachs für Frauen von fast allen Männern und vielen Frauen rührte; es winkten durch »Augenhöhe« doch für beide Geschlechter viele Vorteile. Männern wird unterstellt, sie fürchteten um ihre Herrschaft, um die Bequemlichkeit, die es mit sich bringt, jemand an der Seite zu haben, die man legitimerweise herumkommandieren kann. Hinzu käme dann – das gilt heute verschärft – die Angst vor Konkurrenz auf dem Arbeitsmarkt. Für Frauen, die ihr Leben als Hausfrau und Mutter gern lebten, war es ein nachvollziehbarer Affront, wenn plötzlich weibliche Fachkräfte auftauchten, die ihnen erzählen wollten, es sei weit erfüllender, einen eigenen Laden zu führen oder eine Anstellung bei der Post zu haben, als zu Hause zu hocken. Entscheidender waren wohl gesellschaftliche Grundstimmungen, die man als *Angst ums Weltbild* bezeichnen kann. Die alte Welt war mit dem ausschwärmenden Mann und der eingesperrten Frau wohl geordnet, und sie hatte so lange bestanden. Sie ging ja auch auf eine göttliche Schöpfung zurück; die Einhegung der Frau folge, so dachte man, einem höheren Gesetz. Die Veränderbarkeit von Ordnungen musste erst gedacht werden können und Gott sich in den Hintergrund zurückgezogen haben. Das hat gedauert. Es ist immer noch nicht ganz geschafft, das alte Denken liegt sozusagen auf der Lauer und träumt von seiner Rückkehr in die Köpfe der Menschen. Insofern häuft der Prozess der Emanzipation ein Wissen an um die Veränderbarkeit von Weltbildern und wirklichen Welten, und er schließt die Einsicht ein, dass es Gefahren gibt, die den Prozess aufhalten oder umkehren können. Auch dieses Wissen ist Macht.

Kapitel 6: Liebe

Es gibt die Möglichkeit, Herrschaft aus menschlichen Beziehungen zu eliminieren. Eine davon ist Aufklärung mit der Folge von Auflehnung, Kampf und Neuordnung. Eine andere ist die Liebe. Sie wird von der christlichen Religion beschworen, darin liegt ein großes Verdienst. Liebe strebt nach Gleichheit, erreicht sie aber nicht immer. Solange Herrschaft auf eine Beziehung einwirkt, die aus Liebe oder um der Liebe willen eingegangen worden ist, stimmt etwas nicht. Herrschaft im Nahbereich trübt oder stört die Menschlichkeit. Insofern Mann und Frau auf diese Erde geschickt wurden, ob nun von Gott oder der Natur, um, wie es die Bibel und andere Mythen tradieren, einander in Liebe zu begegnen, zugleich aber die Herrschaft des Mannes über die Frau anzuerkennen, stehen die Geschlechter vor einer unlösbaren Aufgabe. Liebe und Herrschaft, das geht nicht zusammen. Oder besser: Es geht, aber es geht nicht gut. Der Herrschende wird immer misstrauisch bleiben, ob die Beherrschte nicht versuche, auszukneifen oder ihm zu schaden – bei aller Liebe (siehe die Geschichte von *Tausendundeiner Nacht*). Daher die Verpflichtung zum Gehorsam. Und die Unterworfene wird immer auch berechnend sein – bei aller Liebe. Denn sie muss sehen, wo sie bleibt. Daher die uralte Verknüpfung von List und Tücke mit Weiblichkeit. Es läuft auf eine Variante der guten, alten Herr-Knecht-Dialektik hinaus. Nur dass bei Herr und Knecht die Liebe keine Rolle spielen musste.

Man darf unterstellen, dass es in der Vergangenheit während der selbstverständlichen Voraussetzung, dass Männer den Frauen übergeordnet seien, dennoch Liebe zwischen den Geschlechtern gab. Der Herrschaftsanteil der Beziehung schrumpfte sodann, die Liebe löste ihn auf und eliminierte ihn. Er konnte aber zurückkehren, wenn die Liebe vergangen war und das Paar dennoch beieinander ausharrte. Dann blieb dem Mann nichts anderes übrig als Misstrauen und der Frau nichts anderes als Berechnung. Es ist so, dass die Liebe beides nicht will und nicht verträgt und auch besiegt, solange sie dauert. Sie dauert aber eher selten ein Leben lang. Da in alten Zeiten Ehepartner einander meist nicht selbst wählten, sondern von den Eltern oder anderen Autoritäten entlang politischer, wirtschaftlicher oder sonstiger Interessen ausgesucht wurden, spielte bei Heiratskandidaten für den Entschluss, das Jawort zu geben, Liebe keine ausschlaggebende Rolle. Sie konnte sich trotzdem in einer Ehe einstellen. Oder sie erwuchs neben der Ehe, bei illegitimen Paaren, von denen die Welt bis heute wimmelt. Es gab aber auch immer Menschen, denen die Liebe kein einziges Mal in ihrem Leben begegnete. Niemand hat ein Recht auf sie, obschon alle sie empfangen und die meisten sie geben möchten. Insofern gehört sie nicht unter das Rubrum der Gleichheit. Richtig bleibt aber, dass ein Paar, das sich liebt, es innerhalb seiner Beziehung zu einer Gleichheit bringt, von der es außerhalb weit entfernt sein kann. Und diese Art Gleichheit hat es, wenn die Liebe in die Beziehung kam, für Paare auch in Zeiten der schreienden sozialen Ungleichheit und des steilen Machtgefälles zwischen Mann und Frau gegeben.

Das Problem dabei ist, dass Liebe nicht durch Entschluss hergestellt werden kann. Sie wird hergeschenkt, vom Partner, von der Partnerin und vom Schicksal. Wer sie einfordert, hat sie schon verloren. Deshalb war es auch sinnlos, als während des 18., 19. und 20. Jahrhunderts die Priester, Erzieher und Großmütter den emanzipationswilligen Frauen empfahlen, doch besser auf die Liebe zu setzen, die ja der Frauen wichtigstes (und einziges) Bewährungsfeld sei und das größte Glück sowieso. Liebe ist nicht machbar, man kann höchstens einiges dafür tun, sie zu erhalten. In seinem Buch *Geschlecht und Gesellschaft. Warum wir lieben: Die romantische Liebe nach dem Verlust der Welt* unternimmt der Soziologe Günter Dux den Versuch, Liebe zu definieren. Er nennt sie »ein Überwältigtsein von der Existenz eines anderen«. Das ist eine fast schon lyrische Formulierung, dem Gegenstand angemessen, und sie lässt erahnen, wie schlecht wahre Liebe mit Herrschaft vereinbar ist. Wenn schon Herrschaft im Liebesbund eine Rolle spielte, wäre es die Liebe selbst, die ihre Herrschaft über das Paar ausübt, aber weder er noch sie könnte den je anderen beherrschen. Einseitige Liebe wäre dann mit Herrschaft wieder vereinbar, sehr gut sogar, denn wer ohne Gegenliebe liebt, wird abhängig und so auch beherrscht. Glücklich wird er dabei nicht. Das kann auch Männer treffen. Die haben sich ja in Zeiten ihrer unangefochtenen Dominanz vor den Weibern stets ein wenig gefürchtet, weil sie voraussahen, dass sie im Falle einseitiger Liebe zu einer Frau, die ihnen qua Geschlechtswesen eigentlich untertan sein sollte, von ihr beherrscht werden könnten, und das war ein ungemütlicher Gedanke. Quasi provisorisch haben sie dann um die Liebesfalle öfter mal einen großen Bogen gemacht. Frauen, die sich vor der Macht des Liebesgefühls in Acht nahmen und in eine Versorgungsehe flüchteten, gab es natürlich auch. In der Liebe liegt das Risiko, dass der oder die Liebende sich verliert – selbst wenn er, wenn sie wiedergeliebt wird. Wenn nicht aus dem Leben, so wissen wir das aus der Oper.

Apropos »romantische Liebe«: Eine Kurzform der Geschichte der Liebe, die man immer mal wieder liest, will uns weismachen, die Liebe sei erst im Zeitalter der Romantik erfunden worden, denn vorher hätten die Menschen sich ja aus Vernunftgründen zusammengetan und nur geheiratet, wenn es sich wirtschaftlich für sie gelohnt habe. Liebesheiraten gab es aber auch *vor* der romantischen Epoche, solche Paare galten allerdings nicht als gut beraten und waren im Hochadel sicher selten. Es geht (uns hier) ja aber nicht nur ums Heiraten, sondern um die Arten und Weisen, in denen sich die Geschlechter begegnen. Und um eine Antwort auf die Frage: War Herrschaft immer nötig, und war sie immer dabei? Und da lässt sich durchaus sagen, dass schon die Möglichkeit oder die Ahnung von Liebe die Zwänge und Härten der Herrschaft mildern kann – ganz wie ein Bund ohne Liebe der Herrschaft freies Feld gewährt und sie ihre die Menschlichkeit deformierende Macht ausspielen lässt. Liebe, als verordnete und als gefühlte, wurde immer von Herrschaft verdorben, und sie hat eher selten ihre wichtigste Bedingung: Gleichheit, herstellen können.

Die Romantik war eine literarisch äußerst fruchtbare Zeit, sie ereignete sich im Gefolge der Französischen Revolution. Dort hatte der Gedanke der Gleichheit praktisch werden wollen, die junge Generation griff ihn auf und übertrug ihn auf die Paarbeziehung. Das war unerhört und stieß auf wütende Kritik bei den Altvorderen. Die Frau müsse doch geführt werden, sie sei eines Vormunds bedürftig, das gelte auch und gerade für Liebe und Ehe. O nein, sagten die Romantiker, wenn man eine Liebesbeziehung unter die Signatur der Gleichheit stelle, werde sie viel tiefgründiger, und der Sex werde überraschend wunderbar. Das war die Botschaft von Friedrich Schlegels Romanfragment *Lucinde* (erschienen

1799), von dem sich der alt und fromm gewordene Literat später leider distanzierte. Aber als junger Schwärmer hatte er natürlich völlig recht. Es dauerte indes noch fast bis in unsere Zeit, dass die Botschaft durchdrang – von bevorzugten künstlerischen Milieus, die es als Subkulturen in den meisten Dekaden des 20. Jahrhunderts gab, immer abgesehen. Die Romantiker waren also tatsächlich Wegweiser gewesen, sie haben aber nicht »die Liebe erfunden«, sondern sie als Bedingung für eine Ehe den wirtschaftlichen Gesichtspunkten vorangestellt. Und sie haben, um das Glück in der Liebe zu steigern, als Erste von Gleichheit gesprochen (in England: Percy B. Shelley). Das bleibt ihr Verdienst.

Vor und nach der romantischen Epoche aber war die Liebe das Zuckerbrot, das den Frauen die Peitsche ihrer Abhängigkeit von den Männern versüßen sollte – das gilt bis heute. Es geht auch manchmal gut, so, wenn die wechselseitige Liebe eine Stärke entwickelt, die alle Misshelligkeiten der Oben-Unten-Struktur aufwiegt. Das passiert aber nicht automatisch. Im 19. Jahrhundert erzählen die großen Liebestragödien, sei es auf der Bühne oder im Roman, sehr frei von dem hohen Preis, den die Liebe von einer Frau fordern kann – wobei auch der Mann sein Quantum an Leid abbekommt, wenn er unglücklich liebt. Bei der Frau aber geht es immer gleich um alles oder nichts, um Leben oder Tod. So bei der Kameliendame, die auf ihr Glück verzichtet um der Familienehre ihres Liebsten willen, so bei Anna Karenina, die sich vor den Zug wirft, als sie fürchten muss, dass der Geliebte sich von ihr entfernt, und bei Emma Bovary, die Gift nimmt, als sie verlassen wird. Die beiden Letztgenannten steckten in unbefriedigenden Konventionsehen fest, als ihnen die Liebe begegnete, um sie zu zerstören. Emmas Mann sagt am Ende: »Das Schicksal ist schuld.« Monsieur Bovary ist vom Autor Gustave

Flaubert als eher beschränkter Geist eingeführt worden, hier aber sagt er einen sehr weisen Satz. Die Nichtverfügbarkeit der Liebe erinnert uns Menschen daran, dass unsere Macherqualitäten Grenzen haben und dass gerade jene Macht, die viele Menschen für die erstrebenswerteste überhaupt im Leben halten, die Liebe, eine gehörige Portion Schicksal enthält, wenn sie kommt und wenn sie geht. Umso perfider die gesellschaftliche Verabredung, den Frauen über so viele Jahrhunderte die Verantwortung für die Gefühle der Zuwendung, der Nähe und Wärme, der Harmonie und Liebe aufzuhalsen, als könne man diese emotionalen Zonen willentlich erschaffen und verwalten, was nichts anderes heißt, als dass ein Scheitern der allein zuständigen Frauen programmiert war. Liebe ist ein Zusammengehörigkeitsgefühl, das auch mit gemeinsamen Erfahrungen zu tun hat. Wenn geteilte Erfahrungen wie in traditionalen Gesellschaften mit scharfer Geschlechtertrennung unmöglich sind, hat es auch die Liebe schwer. Als die Romantiker sie »erfanden«, sprich als Bedingung fürs Eheversprechen verbindlich machen wollten, gab es immer mehr Frauen, die etwas gelernt hatten und etwas über die Welt wussten, und junge Männer wie Friedrich Schlegel erlebten mit Staunen, dass der geistige Austausch mit einer Frau erotisch sein konnte, wie umgekehrt die Erotik gewann, wenn Geist hineinfuhr. Die Frauen, mit denen Friedrich solche Erfahrungen machte, waren Caroline Böhmer (später Schlegel-Schelling) und Dorothea Veit. Sie waren gebildet, belesen, mehrsprachig und arbeiteten als Autorinnen, Korrespondentinnen und Übersetzerinnen. Dabei hatten sie selbst das Gebot der weiblichen Bescheidenheit so weit verinnerlicht, dass sie nie von Gleichheit sprachen. Im Gegenteil. Dorothea Veit hat betont, dass es in der Liebe die Aufgabe einer Frau sei, das Überlegenheitsgefühl ihres Mannes zu stärken – selbst wenn sie sich dabei ein wenig verstellen müsste. Friedrich Schlegel aber glaubte an die Möglichkeit der Gleichheit. Und bezog damit die Gegenposition zum Mainstream. Der bestand darauf, dass Bildung für Frauen ein Abweg sei, eine Verbiegung und Beschädigung ihrer Natur und nichts anderes zur Folge haben könne als ein verfehltes Leben. Frauen sollten lieben und nicht denken. Dass beides ginge, glaubte man nicht.

Inzwischen sind wir weiter. Aber es konnte noch gegen Ende des vorigen Jahrhunderts ein Buch Furore machen, das *Wenn Frauen zu sehr lieben* (von Robin Norwood) hieß. So zweifelhaft der Nutzen populärer psychologischer Ratgeber ist, man mag doch der Diagnose, die in diesem Titel steckt, nicht widersprechen. Man möchte ja gerne, Frauen sowie Männer, einfach drauflosslieben. Aber dann stoßen wir schnell auf hemmende Bedingungen. Die alte Funktionsteilung, die Frauen auf die Innen- und Männer auf die Außenräume orientiert mit der daraus folgenden männlichen Dominanz und Überheblichkeit, hat sich nicht nur in großen Teilen unserer Erde erhalten, sie stützt auch in unserer europäischen Welt noch die »symbolische Ordnung« (Bourdieu), wie sie sich in die Köpfe der Menschen »einschreibt« und die überkommene männliche Herrschaft bestätigt. Die Liebe bietet sich bei diesem Stand der Dinge als Kompensation für die Frauen an. Sie ist ja eine Aussicht auf Glück, bei der Frauen endlich mal originäre Macht haben – wie sollen sie sich nicht darauf stürzen? Liebe ist auch bei Bourdieu eine Art Ausweg, auf dem die Geschlechter den ewigen Machtkampf mit ungleichen Waffen beenden und Frieden schließen können. Aber solange die materielle Ungleichheit und die familiären Fesseln fortbestehen, die Frauen von den Erfahrungen fernhalten, dank derer sie satisfaktionsfähig werden könnten, kann die Liebe ihre erlösenden Kräfte nicht voll entfalten.

Natürlich bringt es gar nichts, Männer dazu aufzufordern, ihrerseits ein bisschen mehr zu lieben. Sie tun es nämlich längst. Nur nicht immer im Rahmen der Familie oder einer Zweierbeziehung.

Die Vielfalt an Erfahrungen, die Männer in aller Regel den Frauen voraushaben, trägt dazu bei, dass sich auch ihre Gefühle, Affekte und Leidenschaften ausfächern, dass ihr gesamtes Innenleben sich variantenreich entwickelt. Das gefühlsstärkere Geschlecht ist somit das männliche – wenn man »Gefühl« nicht mit Sentimentalität oder Selbstmitleid verwechseln will. Liebe haben Männer auch unter ihresgleichen empfunden, weil die geteilten Erfahrungen in den vielfältigen Kämpfen, die manchmal unter Lebensgefahr ausgefochten wurden, sie einander nahebrachten. Die romantische Epoche spiegelt auch diese Seite der Erziehung der Gefühle: Sie war die Epoche der Freundschaft als Passion. Gemeint war eine Freundschaft unter Männern.

Man kann das Argument jetzt noch einmal umkehren und die Behauptung testen, dass ja doch Frauen als Expertinnen für das Innere auch das Seelenleben besser erkunden konnten als die Männer und deshalb Kennerschaft entwickelten in Sachen Liebe. Hatten nicht Männer gerade wegen der Vielfalt ihrer Erfahrungen in der weiten Welt auch Defizite in Gefühlsdingen? Einfach, weil bei ihnen wegen all der Kämpfe und Herausforderungen und Verwicklungen die Innenschau zu kurz kommen musste? Das könnte nur zutreffen, wenn Gefühle ähnlich wie Weltumsegelungen, Friedensverhandlungen oder das Ersinnen von Großtheorien eine Frage des Entschlusses und der Tat wären. Dem ist aber nicht so. Gefühle entstehen unwillkürlich, der menschliche Verstand und die Willenskraft können nur sehr bedingt an ihnen herumschrauben, so etwa, indem sie die Bedingungen verbessern, unter denen zum Beispiel

Gefühle der Vertrautheit, der Freundschaft oder der Liebe sich einstellen und erhalten. Auf direktem Weg erzeugen können wir unsere Gefühle nicht. Es bleibt leider dabei, dass auch Frauen mit sechzehn Kindern und lebenslanger treuer Zuwendung zu einem und demselben Mann ihren Gefühlen nicht befehlen können. Maria Theresia von Habsburg hatte so viele Kinder, und sie liebte ihren Mann, aber sie amtierte auch als Monarchin, deshalb konnte sie so tief fühlen. Sie war an der Spitze eines Reichs als Frau eine rare Ausnahme; ihre Geschlechtsgenossinnen in Stadt und Land, die dazu verurteilt waren, ungebildet, unwissend, ewig fragend und sich wundernd daheim herumzupusseln und ein Kind nach dem anderen zu gebären mit all den Gefahren, die das einst für ihr und der Säuglinge Überleben bedeutete, wurden keine Expertinnen in Sachen Liebe. Wenn sie seelisch wenig belastbar waren, flüchteten sie in die Religion und mutierten zu Betschwestern; die robusteren taten einfach ihre Pflicht und hatten nebenbei ein bisschen Spaß. Ihre Männer, soweit ihr Horizont durch die eigene Scholle und das Dorf ebenfalls begrenzt war, wurden zwar auch keine großen Liebeskünstler, aber sie hatten immerhin die Möglichkeit, unter ihresgleichen starke Gefühle der Verbundenheit, der Rivalität, der Wut, des Rachedurstes oder der Großmut zu entwickeln und damit ihre Herzen überhaupt erst zum Leben zu erwecken. Außerdem hatten sie die Chance, sich im Nachbardorf eine Geliebte zu halten. Für Frauen war all das so gut wie unmöglich. Und wenn sie es doch einmal schafften, endeten sie wie Emma Bovary.

Liebe also hatte es unter den Bedingungen der Herrschaft des männlichen Geschlechtes über das weibliche schwer. Sie ist aber als menschliche Möglichkeit auch wieder schwer zu unterdrücken, sie will sich regen und wachsen, so sind die Menschen veranlagt. Also gab es sie auch in Zeiten striktester Geschlechtertrennung und finsterster männlicher Vorherrschaft, und sie konnte es zuwege bringen, dass ein Paar trotz äußerer Hindernisse zueinanderfand und im Binnenbereich seiner Beziehung die zerstörerischen Kräfte der Herrschaft in Schach hielt. In den meisten Fällen aber wird es so gewesen sein, dass die Liebe durch Herrschaftsanspruch und Unterwerfungsbereitschaft Schaden nahm und verkrüppelte. Die Leerstellen, die dann in ihren Herzen klafften, füllten die Menschen mit ihrem Glauben. So war die Religion ja auch gedacht. Die Liebe zu Gott stand über allem.

Wie sieht es heute aus? Sehr viel besser. Da die männliche Herrschaft keinen guten Ruf mehr hat und im Westen stark zurückgedrängt worden ist, da die klügeren und sensibleren Männer sie ohnehin nicht mehr ausüben wollen, hat Liebe zwischen den Geschlechtern endlich die Chance, ihr Potenzial zu entfalten, ist doch die Bedingung egalitärer Verhältnisse keine bloße Theorie mehr wie noch zu Zeiten der Romantik. Wir haben in der alten und neuen Welt dennoch recht hohe Scheidungsraten, und aus den Medien, auch aus den Künsten hören wir häufiger Klagelieder über unglückliche Liebesbeziehungen als Jubel über erfüllende. Natürlich ist es kaum möglich, eine aussagestarke Erhebung über den Grad des Liebesglücks anzustellen, das Menschen in den verschiedenen Weltgegenden empfinden, oder gar Vergleiche zwischen dem Einst und dem Jetzt zu ziehen. Man kann nur spekulieren. Und jeder spekuliert anders. Konservative verweisen auf die Stabilität von Ehen in Zeiten der unangefochtenen männlichen Herrschaft, in denen die Kirche Scheidungen verbot (also war die Stabilität auch kein Kunststück) oder in denen man gesetzlich festschrieb, es müsse in Familien bei Streitigkeiten einen »Stichentscheid des Mannes« geben. Sigmund Freud fand noch, Über- und Unterordnung in der

Familie müsse es geben und die Herrschaft des Mannes sei »das kleinere Übel«. Heute wollen wir ohne Hierarchie lieben. Wenn es stimmt, dass die Liebe Gleichheit bevorzugt, müsste sie es heute besser haben.

Dass es wirklich so ist, lässt sich nicht beweisen, aber man kann Indizien diskutieren. Die Problematisierung von Liebesbeziehungen und ihre leichtere Auflösbarkeit, wozu auch die neuere Ehescheu mit der wachsenden Bevorzugung nicht ehelicher Lebensgemeinschaften gehört, wäre so ein Indiz. Die Menschen verstehen im Zeichen der Gleichheit besser, was alles drinsteckt in einer Liebesbeziehung, was alles möglich wird, wenn einer wirklich die Welt mit den Augen der anderen sieht oder eine das Leben durch die Berührung des anderen erspürt, und so wachsen mit den erahnten Dimensionen auch die Ansprüche an die Liebe und mit den Ansprüchen die Zweifel und die Räume, die man und frau sich für den Rückzug offenhalten will. Diese Entwicklung ist nicht bedenklich, weil sie *Instabilität* ankündigt, sondern erfreulich, weil sie die Metaphysik der Liebe, verstanden als Möglichkeitsraum ungeahnter, überraschender Erfahrungen, ernst nimmt. Wie kläglich erscheinen demgegenüber die Ansprüche von Mann und Frau im Rahmen der einst üblichen *Versorgungsehe*: *Sie* wollte es in Zukunft zu Hause gut haben, an der Seite eines möglichst erträglichen Kerls, und *er* wollte eine Mutter für seine Kinder und seinen Stolz dareinsetzen, dass er das alles – das Haus, ihre Kleider und die Wiege für die Kleinen – bezahlte. Wie schrecklich. Dass wir tendenziell davon weg sind – wir sind es ja keineswegs völlig –, ist ein großer Fortschritt.

Es gibt noch ein zweites Indiz für eine größere Freiheit der Liebe hier und heute. Kann sie sich im Koordinatenkreuz der Gleichheit entfalten, in das sie von der Emanzipation gerückt wurde, so wächst bei den Liebenden auch schon mal der Mut, in ihrem Zeichen *Ungleichheit* neu zu denken. Nichts anderes geschieht nämlich, wenn Liebende sich dem *Überwältigtsein von der Existenz eines anderen* überlassen, ohne dass Herrschaft im Spiel ist. Ungleichheit *ohne* Herrschaft – gibt es das? Schwer zu glauben, aber diese Ungleichheit ohne Herrschaft ist es gerade, welche die Liebe fordert. So meinten es auch die Romantiker. Was wir gewinnen, wenn wir die Herrschaft rausgeworfen haben aus der Liebesbeziehung, ist ja doch Gleichheit nur in ihrer allgemeinen Form: dass beide Liebende Staatsbürger beziehungsweise -bürgerin sind und als solche frei, dass sie ohne einander ökonomisch existieren können und dass beide das Recht genießen, wieder auseinanderzugehen. So war es ja zu Zeiten der Konventionsehe nicht. Jetzt ist es so, und damit haben wir Gleichheit (der existenziellen Voraussetzungen) von Mann und Frau innerhalb einer Paarbeziehung oder Ehe erlangt. Die Liebe braucht diese Voraussetzungen, sie hat ohne sie keine reiche Entwicklungsmöglichkeit, das haben wir durchdacht. *Mit ihnen* hat sie diese Entwicklungsmöglichkeiten, was aber bedeutet, dass die Differenz jetzt für sie genauso interessant wird, wie es die Gleichheit in Zeiten vor der Emanzipation war. Liebende geben zu, dass sie vieles ähnlich sehen, also einander gleichen, wenn sie auf die Welt schauen, dass ihre Perspektiven verwandt sind. Dieses seelische Verwandtschaftsgefühl ist sogar oft der Anfang der Sehnsucht: Von dem, von der will ich mehr wissen, sehen, fühlen ... Dann kommt das nächste Geständnis: Die andere bringt Aspekte ein, auf die der eine nie gekommen wäre. Und: Dem einen gelingt es, der anderen eine Sicht der Dinge nahezubringen, die ihr bis dato vollkommen fremd war. Die Sehnsucht der meisten Kinder: mal für einen Augenblick in der Haut eines anderen Menschen zu stecken und die Welt mit seinen Sinnen und seinem

Bewusstsein zu erspüren, wird in der Liebe – annähernd – erfüllt. Das heißt: Sie ist auch das Feld der Unterschiede. Die geschlechtlichen gehören dazu. Hier sträuben sich die Haare einer jeden Feministin: Haben Frauen etwa, jenseits aller Zurichtungen durch männliche Herrschaft, ihre eigene Art, die Welt zu erfahren? Und Männer auch? Nein, das ist Ideologie, heißt es. Eine solche Unterschiedlichkeit komme zustande durch Jahrhunderte patriarchalischer Geschlechtertrennung und entsprechender pädagogischer Zurichtung. In Wahrheit seien wir alle Menschen und als solche auch gleich veranlagt. Ja, schon. Aber es gibt doch große individuelle Unterschiede. Vielleicht auch geschlechtsspezifische?

Wahrscheinlich. Doch in Zeiten, in denen das Weibliche immer noch hier und da als das Mindere eingeschätzt wird, ist es im Zusammenhang mit Emanzipation politisch nicht korrekt, so zu denken. Die Liebe aber denkt so. In ihrem Zeichen ist es auch unverdächtig, über geschlechtsspezifische Differenzen nachzugrübeln, weil ihr Vorhandensein schon dafür gesorgt haben muss, dass basale Gleichheit der Lebensbedingungen vorliegt und dass Herrschaftsgebaren nicht toleriert wird – außer bei der Liebe selbst, als Macht verstanden.

Das soll heißen: Die Liebe kommt zustande, weil in ihr eine Neugier auf das andere Geschlecht steckt, und diese Neugier impliziert, dass die Geschlechter sich nicht nur als Individuen, sondern auch als Geschlechtswesen unterscheiden. Worin diese Unterschiede liegen, wird offen bleiben müssen, solange die Gleichheit als Voraussetzung der Liebe noch unvollkommen ist. Einstweilen spekulieren glücklich verliebte Paare über diese Fragen, oder sie lassen es sein und nehmen einander nur als Einzelwesen wahr, die zufällig dieses oder jenes Geschlecht haben. Das ist auch ein Weg, der politisch inkorrekten Frage nach den Eigentümlichkeiten von

XX- oder XY-Chromosomen aus dem Wege zu gehen. Praktisch sicher nicht der schlechteste. Aber irgendwann wird man sich an das Thema rantrauen.

Zu den verbliebenen Ungleichheiten, die auch heute noch die Liebe bedrohen, wie ungleicher Lohn, fehlende Entlastungen für Mütter und ideologisch begründete Scheu, Quoten in Branchen oder Hierarchien einzuführen, in denen Frauen fehlen, sei gesagt: Wenn es nicht das Gerechtigkeitsgefühl von politisch verantwortlichen Personen oder der öffentlichen Meinung ist, das hier Fortschritte bringt, dann sollte es der Respekt vor der Liebe sein. Denn die braucht diese Gleichheit. Wie es unsere Vorväter und -mütter zuwege gebracht haben, bei der bestürzenden machtmäßigen Asymmetrie im Verhältnis der Geschlechter Liebe zu fühlen, zu geben, zu empfangen und zu bestärken, wird für eine fällige Geschichte der Gefühle wohl immer ein Rätsel bleiben. Heute sind die Bedingungen schon ziemlich gut. Sie können noch besser werden.

Kapitel 7: Sexualität

Das Wort Sexualität soll erst im 19. Jahrhundert erfunden worden sein, es hat aber dann eine steile Karriere gemacht und ist heute in aller Munde. Die Sache, die es bezeichnet, ist durch all die Untersuchungen, Problematisierungen und Diskurse, die angestrengt wurden, um sie zu erkunden, zunehmend diffus geworden. Das ist kein Einwand gegen Untersuchungen und Diskurse, die sollen sein, und das Diffuswerden eines Gegenstandes ist manchmal eine gute Voraussetzung dafür, dass es aus dem nächsten *approach* deutlicher oder differenzierter hervorgeht. Was *Sexualität* in neuerer Zeit betrifft, so hat der Begriff in der Epoche nach dem Zweiten Weltkrieg noch mal eine bemerkenswerte Karriere durchgemacht. In den 1950er Jahren war er noch von Geheimnissen umwabert und stand für eine eher heikle Zone im menschlichen Zusammenleben. Dann, während der *sexuellen Revolution* in den 60er Jahren, entwickelte er sich von einer vagen Verheißung zu einem handfesten Glücksversprechen, um anschließend im Zeichen der Frauenemanzipation auf einen Problembezirk zu verweisen, in den man sich ohne therapeutische Begleitung lieber nicht hineinbegibt. Inzwischen ist es so weit gekommen, dass der Begriff im öffentlichen Diskurs vorwiegend im Zusammenhang mit Gewalt, Missbrauch, Belästigung, Prostitution, Menschenhandel und allerlei devianten Verhaltensweisen auftaucht. In der Bedeutung eines Glücksversprechens kommt er seltener vor. Und sogar in persönlichen Lebensgeschichten wird er gern dann genannt, wenn es um Krisen geht. Kurz: Die menschliche Sexualität scheint ihre Hauptrolle als Glücksquelle und Liebesstifter für Paare ausgespielt zu haben.

Hatte sie die denn je inne? Ja, in den späten 1960er Jahren gab es während der weltweiten Jugendrevolte die Überzeugung, dass Sex, Drugs and Rock 'n' Roll die Menschen glücklicher machen würden. Die Drogen waren aus reinem Übermut in die Aufzählung geraten, eigentlich hieß es: freie Liebe und Musik, und dann noch Meditation, also ein Bewusstseinszustand jenseits der normalen Ängste und Zwänge, so wie er auch durch Drogen induziert werden kann, besser aber durch festen Glauben an das Gute im Menschen – all das mache glücklich schon hier auf Erden. Zumal das Jenseits eh nichts mehr galt. Diese Utopie hatte viel für sich und begeisterte den halben Erdkreis. Sie hielt aber nicht lange vor. Immerhin wurde während ihrer Wirkungszeit in den 1970er Jahren die Neue Frauenbewegung auf den Weg gebracht. Eines ihrer ersten Themen war die Sexualität.

Und die hat sich, als Begriff mit Bedeutungen und Verweisen, von dieser Phase der Debatte, die in einer breiten und notwendigen Problematisierung bestand, nicht mehr wirklich erholt. Gelebte Sexualität, so wie sie mit ihrem großen Variantenreichtum überall in der Welt praktiziert wird, ist hier nicht gemeint. Da gibt es jede Menge Lust und Freude, Leid und Enttäuschung – wahrscheinlich im Gefolge der Aufklärung während der *sexuellen Revolution* mehr Freude als zuvor, man kann es nur erahnen, zuverlässige Daten sind schwer zu erheben. Was uns hier interessiert, ist die *Debatte*, und die ist von dem *Problemfeld*, in das sie die Sexualität verwandelt hat, nicht mehr heruntergekommen. Was ist passiert?

Frauen bekundeten Anfang der 70er öffentlich, dass es nicht angehe, die sexuellen Erlebnisse der Menschen als Privatsache vor der Diskussion bewahren zu wollen, sie verlangten ein allgemeines Offenlegen der Erwartungen, Erfahrungen, Praktiken, Veranlagungen, Tabus und Wünsche. Und das geschah. Man muss dazu wissen, dass Sex in Deutschland zuvor (nach Freud und den ersten Aufklärungsversuchen im 20. Jahrhundert, die von den Nazis zunichtegemacht worden waren), eine Art Blackbox war, über die niemand Genaues nicht wusste. Die berühmten Forschungen von Masters und Johnson in den USA führten unter der deutschen Bevölkerung nur zu einer Art Rumor. Immerhin widerlegten sie die Mär, dass Sex seine enormen Lüste nur den Männern schenke. Frauen, soweit sie ehrbar sein wollten, das war noch eine deutsche Überzeugung in den 1950er Jahren, hätten es nicht so mit der Lust, dafür mehr mit dem Kinderkriegen. Diese verblasene, von den Kirchen gestützte Lesart von Sexualität – als Begriff ebenso wie als Praxis – war unattraktiv genug, um den gesellschaftlichen Diskurs über Sex auf Sparflamme zu halten. Man wollte gar nicht so genau wissen, was da eigentlich los war. Und so machte sich jeder seinen, jede ihren eigenen Reim und suchte einen eigenen Weg zur Lusterfahrung. Für Frauen war es notwendig, diesen Schleier, der über dem Unterleib lag, wegzuziehen. Alice Schwarzers Buch von 1975, *Der kleine Unterschied und seine großen Folgen*, lieferte den programmatischen Titel.

Während der feministische Diskurs sich an der Gleichheit abarbeitete und zum Beispiel zeigen wollte, dass Frauen in den Künsten und Wissenschaften und in der Politik genauso reüssieren könnten wie Männer, kam frau in Sachen Sexualität nicht darum herum, von Ungleichheit auszugehen. Erst einmal waren die Organe, die Männer und Frauen gebrauchen, wenn sie *Liebe machen*, unterschiedlich. Waren es womöglich auch die Lustempfindungen, die Erregungskurven, die erogenen Zonen? Oje. Ein Feld multipler Ungleichheiten tat sich auf und störte den Gleichheitsanspruch. Er kehrte dann aber doch zurück als Forderung, die Bedingungen des Liebemachens so zu verändern, dass Frauen gleichermaßen auf ihre Kosten kämen. Der Spruch »Alle Menschen sind gleich, aber einige sind gleicher«, der auf pfiffige Art den Klassen- oder Vermögensunterschied anprangerte, wurde jetzt auf die Geschlechter bezogen und auf das Feld, in dem sie sich vor allem begegnen sollten, die Sexualität. Alle Menschen sind im Bett gleich, hieß es, aber einige, die Männer, sind gleicher, denn für ihren Genuss ist immer schon gesorgt, während die anderen, die Frauen, sich darum mühen müssen. Oder? Ist es so einfach beziehungsweise so vertrackt? Jedenfalls konnte von einer Gleichheit der Bedingungen für sexuelle Befriedigung nicht gesprochen werden. Es stellte sich heraus, dass der Koitus in seiner schlichten Feld-, Wald- und Wiesenvariante den Frauen nichts oder nur wenig bedeutete. Den Männern genügte er offenbar, denn sie gerieten, als die Feministinnen die Regie in der sexuellen Revolution übernahmen, sehr schnell in die Defensive. In den größeren, über diese Fragen unbekümmerten Bevölkerungsteilen kamen derweil mengenweise Kinder zur Welt, es war die Zeit des Babybooms. Die Männer hatten also ihren Orgasmus und die Frauen zu wenig Verhütungswissen. Mit einem Wort: Es sah nicht gut aus für das weibliche Geschlecht. Keine Lust, keine Freiheit, zu viele Blagen, zu viele Schranken. Die Neue Frauenbewegung musste einfach kommen.

Die Schilderung der Misere war keine feministische Propaganda, es war wirklich so schlimm (was, wie gesagt, nicht bedeutet, dass es nicht auch sexuell zufriedene Paare gab). Es ist wohl so, dass jede Generation ihr Wissen um Sexualität und Verhütung wieder neu erwerben oder gar erkämpfen muss. Es gab ja schon in der Antike Kondome und einigermaßen schonende

Abtreibungen, im Mittelalter desgleichen, zu schweigen von der beginnenden Neuzeit. Aber sexuelles Wissen war meist tabuiert, es war ein Geheimwissen, dem der Makel der Sündhaftigkeit anhaftete. Die Kirchen waren die Mächte, die einen solchen Bannfluch aussprachen und dafür sorgten, dass er wirkte. Für die Frauen war der Klerus im Grunde genommen eine feindliche Macht, darum bemüht, die Gefangenschaft der weiblichen Gläubigen in ihren Häusern und an den Kinderwiegen und unter der Oberhoheit plus (Doppel-)Moral ihrer Männer zu befördern und ihnen so die Lust und Freude an der Sexualität um ihrer selbst willen zu versalzen. Die Männer kamen im Prinzip nicht besser weg, aber da ihre Körper die möglichen Folgen des sexuellen Aktes nicht zu tragen hatten, waren sie stets freier, daran konnten auch die Kirchen nichts ändern. Weil die aber starke Autoritäten waren, die sich auf die Seite der Frauen stellten, wenn die Männer fremdgingen oder den Lohn vertranken, verbündeten sich die Frauen gegen ihre eigenen Interessen mit den Priestern – und begaben sich so sehenden Auges, aber ohne die Zusammenhänge zu verstehen, noch einmal ihrer Freiheit. Sie glaubten, es müsse so sein. Es war der reine Irrsinn: Genau jene moralische Superinstanz, der alles daran lag, Frauen in den sozialen Hierarchien und im Bett unten zu halten und Sex nur zur Fortzeugung des Menschengeschlechtes zu »erlauben«, war dann wieder die letzte und wichtigste Zuflucht verlassener, gequälter, gedemütigter, um ihre körperliche Lebensfreude betrogener Frauen. Es war das Menschenbild jener Epochen, in denen die großen, in sogenannten *Heiligen Büchern* niedergeschriebenen Religionen emporgekommen waren, das dahinter stand – es war Olims Zeit. Was dieses Menschenbild, diese Moral, dieses Herrschaftsgebaren, kurz: was die patriarchalische Gehorsamskultur in den modernen Gesellschaften und auch in den ersten beiden Jahrzehnten nach dem Zweiten Weltkrieg zu suchen hatte, bleibt unerfindlich. In Deutschland war es so, dass nach der Niederlage im Weltkrieg irgendwas gefunden werden musste, das die Leerstelle füllte, die von der diskreditierten Nazi-Ideologie hinterlassen worden war. Da kam für viele das Christentum recht. Immerhin gab es da ein paar Rituale, und man konnte sich feierlich fühlen. So erklärt sich die Renaissance der christlichen Religion samt ihrer rigiden Sexualmoral im Nachkriegsdeutschland.

Für die Frauen ging das spätestens zu Beginn der 1970er nicht mehr so weiter. Man hatte ja jetzt auch die Antibabypille. Damit entfiel die große Angst vor unerwünschter Schwangerschaft, die so manche Frau beim Liebesakt begleitet und ihr dann den Verzicht auf Sex schmackhaft gemacht hatte. Und die weltweite Jugendrevolte, die Studentenbewegung (in Deutschland die APO), sie hatte den antiautoritären Habitus, die Kritik eingeschliffener Hierarchien, die Partizipation der angeblich Unzuständigen, sie hatte Solidarität und Brüderlichkeit auf ihre Fahnen geschrieben. Jetzt kamen die Frauen und mahnten die Schwesterlichkeit an. Rein logisch, aber auch inhaltlich konnten die männlichen Rebellen nichts dagegen sagen. Und wenn Sexualität das Thema war, redeten sie gerne mit, schon um zu wissen, worauf sie sich einstellen mussten. Dass die Frauen aber bei ihren feministischen Diskursen lieber unter sich blieben, haben wir schon erwähnt. Für den Diskurs über Sex und die sexuelle Praxis hieß das: Die *lesbische* Liebe wurde neu entdeckt. Und das war eine große Sache. Die ließ aber die Mehrheit der weiblichen Bevölkerung, die sich ohnehin nur langsam und skeptisch mit der Emanzipation anfreundete, außen vor. Das war nicht so gut. Es musste ein Kompromiss gefunden werden, eine Sprache und eine Debatte über Sex, die klarmachten, wie zutiefst unzufrieden die meisten Frauen mit dem *business as usual* im Bett waren und wie viel mehr sie über sich und ihre Lüste erfahren könnten, wenn sie unter sich blieben. Zugleich aber musste frau die Debatte öffnen für die große Mehrheit der heterosexuellen Bevölkerung, die aufgeschlossen war für eine Reform im Bereich des landläufigen Geschlechtsverkehrs. Es musste nicht immer gleich eine Revolution (also Lesbianismus oder irgendeine andere stolze Abweichung von der sogenannten Normalität) sein. Eine Reform, eine erneuerte Aufklärung und der Mut zum Experiment hätten auch erst mal was für sich. Frau verlangte jetzt von den Männern, ihrerseits für Verhütung zu sorgen. Und frau interpretierte die vielen Blumen, Schmuckstücke und *Morgengaben,* die (Ehe-)Männer ihren Liebsten zum Tausch für die Freuden der Liebesnacht zukommen ließen, jetzt so: Es gab den Konsens, dass Frauen nicht ebenso lustfähig seien wie Männer. Dafür kriegten sie dann für die Bereitschaft, ihren Körper hinzugeben, was geschenkt (und die Prostituierten wurden bezahlt). Die Frauenbewegung gab in ihrem Sexdiskurs den Männern ihre gesammelten Liebesgaben zurück. Das hieß: Frauen wollen keine Schokolade, sie wollen einen Orgasmus.

Im Mittelpunkt der neuen Aufklärung, soweit sie anatomisch wurde, stand die *Klitoris.* Die Autonomie und Bedeutung dieses weiblichen Lustzentrums wurde öffentlich gemacht. Viele Frauen wussten nicht, dass sie so etwas wie eine Klitoris besaßen. Und erst recht nicht, was damit zu machen sei, um ihr lustspendendes Potenzial hervorzulocken. Viele Männer auch nicht. So hatte die feministische Agitation freies Feld für die Beförderung neuer Glückschancen aufseiten der Frauen. Der Diskurs über *weibliche Sexualität* hob an. Es stellte sich die Frage, ob nicht auch die Vorstellung einer Empfängnis bis hin zur Geburt und zum Säugen eines Kindes mit unter diesen Begriff fallen sollte. Damit griff all das, was sich früher schlicht auf das Wort »Pflicht« gereimt hatte, in das Reich der Lüste über, die Mütterlichkeit wurde sexy. Unerhört? Für die Konservativen ja. Für die Frauen auch, aber es war zugleich wunderbar, das Gebären und Kinderhaben war lange genug *Weiberkram* gewesen und als solcher Last und Frust, jetzt wurde er plötzlich lustaffin und so auch interessant. Aber es gab ein Problem: Die Gleichheit war aus dem Diskurs getilgt. Was da verhandelt wurde, war allzu weiblich. Am Horizont zeichnete sich die Gefahr eines typisch weiblichen Idylls ab, mit dem ernsthafte Menschen nichts zu tun haben wollten. Also ruderte frau rasch zurück und begrenzte die Debatte um Sexualität auf den Akt. Zugleich besetzte der Kampf gegen den Paragrafen 218 überall die Titelseiten. Die Pille konnte auch mal versagen, und frau brauchte, um über Sex zu reden, freie Fahrt. Und freie Verfügung über den eigenen Körper. Wer sich vor allem querlegte, waren die Kirchen und die mit ihnen verbandelten Parteien. Die Absurdität, die darin lag, dass in wallende Soutanen gewandete hässliche alte Männer, die nach den Regeln ihres Vereins niemals Sex gehabt hatten, die Lebenswege schöner junger Frauen durchkreuzen konnten, wurde endlich offensichtlich. Der Kampf für straffreie Abtreibung hatte eine Menge mit Sex zu tun. Frau wollte nun auch, wie Männer es immer schon getan hatten, nach Lust suchen, ohne an Ehe und Familie zu denken. Ja, was war sie denn, die Lust, nach der Mann und Frau im Bett trachteten? War sie und waren die Wege, die zu ihr hinführten, bei beiden Geschlechtern gleich oder vergleichbar oder wenigstens ähnlich? Wie konnte der Mann so auf die Frau eingehen, dass sie zu ihrer Befriedigung fand, und wie die Frau dem Mann so entgegenkommen, dass er alles empfand, wozu er als sexuelles Wesen fähig war? Jetzt war Gleichheit als

Kategorie wieder eine Begleiterin des Diskurses, und man konnte ins Einzelne gehen.

Man möchte ja gerne drauflosficken. Das aber war nun nicht mehr angesagt. Beziehungsweise: Um wieder drauflosficken zu können (was insgeheim das legitime Ziel blieb) musste man, musste frau so manches lernen. Vor allem über sich selbst. Der *Spontanfick*, die rasche Kopulation, im Stehen, ihr Po in seinen Händen, irgendwo im Nebenraum oder im Klo der Disko an die Wand gedrückt, der war nur eine Filmsequenz, im Leben brachte er in den meisten Fällen rein gar nichts. Er war bloß ein Symbol für überfallartiges Begehren, dessen Stillung in der Realität mehr braucht als einen One-Night-Stand im Stehen. Das lernten beide Geschlechter als Erstes: Um Glück beim Sex zu finden, braucht es vor allem *Zeit*. So manches musste erstmal ausbaldowert werden: Was für ein Mensch ist das da, mit dem ich ins Bett will? Was gefällt mir, was reizt mich, was finde ich erbarmungswürdig? Was sieht sie in mir, was traut er mir zu, wohin geht die Reise? Wenn das Paar dann im Bett angekommen ist, fängt alles noch mal von vorne an, jetzt bezogen auf den Körper. Zwei versuchen herauszufinden, was der, die andere will, sucht, braucht und was sie jeweils selber wollen, suchen, brauchen. Es ist eine Kommunikation der Sinne, der Glieder, der Schleimhäute. Auch Worte müssen nicht fehlen. Wenn genug Zeit da ist, um alles aus- und durchzuspielen, kommt auch das Glück des Orgasmus. Die *Zeit* ist die Bedingung, die glückliche Stunde und dann die Neugier auf die andere, den anderen. Viele Spiele, viele Experimente, manche Enttäuschungen, manche Entdeckungen. Das Thema war unerschöpflich. Zumal nicht nur Frauen und Männer unterschiedlich waren (und sind), sondern auch die Individuen. Und weil frau auch in der erotischen Begegnung die Spuren der männlichen

Herrschaft wiederfand, die sie aus anderen Lebensbereichen kannte.

Die Resultate der Debatte waren natürlich nur vorläufig, annähernd und umrisshaft, und als solche sahen sie folgendermaßen aus: Das Ungestüm beim Sex ist keineswegs eine rein männliche Angelegenheit, es konnte auch sehr gut weiblich sein, inklusive des *ersten Schritts,* gegangen von einer Frau. Das steht übrigens schon bei Friedrich Schlegel. Die Hingabe ist keine rein weibliche Verhaltensbereitschaft, auch männliche Wünsche können mit ihr konnotiert werden. Aktivität und Passivität sind nur in einer sehr oberflächlichen Lesart den Geschlechtern jeweils einseitig zuzuordnen. Fazit: Während es zuvor den Anschein gehabt hatte, als brauchten Frauen mehr Zeit und Männer weniger, sollten jetzt beide Geschlechter anerkennen, dass Sex keine Angelegenheit ist, die man eben mal so nebenbei erledigt, sondern dass *viel Zeit* für beide Geschlechter nötig ist, um alle Spannungen so weit aufzubauen, dass die lustvolle Entspannung dann auch wirklich was taugt. Wobei Lernen und Probieren gut und schön und wichtig sind, man aber auch wissen muss, dass Sex eine magische Qualität besitzt. Damit er wirklich *gut* wird, wie das qualifizierende Attribut heute heißt, muss noch ein Zauber wirken, der letztlich nicht verfügbar ist. Mit dieser Botschaft hatten beide Geschlechter sich erst einmal abzufinden. Frauen nämlich konnten sich noch so herausputzen, Männer sich noch so stürmisch gebärden, wenn die magische Dimension nicht angeklickt wurde, kam nichts dabei heraus. Und die Maus für diesen Klick besaß niemand. Die lag irgendwo in den Weiten des Universums. Was nicht gegen das Lernen sprach, im Gegenteil. Vielleicht hilft folgende Faustformel, den Diskurs zu verstehen: *Sex ist zugleich sublim und animalisch.* Fehlt eine der beiden Kategorien, wird er nicht *gut*, sondern nur anstrengend.

Letztere Erfahrung machten nicht wenige. Denn es war ja auch die Zeit, in der das seelische Glück als vielfach mit dem sexuellen verknüpft angesehen wurde. Wer nicht mindestens jeden zweiten Tag zum Orgasmus kam, hatte, so hieß es, sein Lebensglück verfehlt. Also wurde viel gelogen und geheuchelt, und die Lust auf Sex, der plötzlich was mit Leistung zu tun zu haben schien, verging. Nicht völlig, nicht bei allen, aber die herrschende falsche Vorstellung von der Machbarkeit des Glücks, insbesondere des sexuellen, hatte schon auch destruktive Auswirkungen. Es gab Menschen, die seufzten: »Ich bin asexuell. Lasst mich mit dem Theater in Ruhe.« Es war, wie es oft geschieht, wenn ein Bereich des menschlichen Zusammenlebens sozusagen unter die Lupe gerät, zu einer allgemeinen Überforderung gekommen. Der sexuelle Diskurs als Diskurs über Lust erstarb. Er verwandelte sich in ein Klagelied über sexuelle Ausbeutung, Gewalt, Missbrauch, Belästigung und die mangelnde Anerkennung von tausenderlei Sonderlüsten und Perversionen.

Die Klage hatte ihre Berechtigung. Herrschaft war auch ins Intimleben eingedrungen, wie immer das gestaltet war, hetero- oder homosexuell, treu oder promisk, *straight* oder polymorph-pervers. Die Gesetzgebung, der Staat, der Mainstream, zu schweigen von den bedrohlichen Resten patriarchalischer Herrschsucht, sie waren nicht auf der Höhe der Zeit. Das Wort »Befreiung« nahm im Diskurs jenen Platz ein, den auf Seiten der Frauen zuvor die »Gleichheit« besetzt hatte. Im ausgehenden 20. Jahrhundert waren es die *gay people*, die ihre Rechte und zunächst mal eine Entpönalisierung ihrer Lebens- und Liebespräferenz forderten. Es folgten die Jahre des Outings, des Versuches, mit Ehrlichkeit und Stolz offen schwul oder lesbisch zu sein und von der Gesellschaft zu verlangen, dass sie mitziehe. Der Satz: »Ich bin schwul, und das ist auch gut so«, gesprochen von dem nachmaligen Regierenden Bürgermeister Berlins Klaus Wowereit, gab der historischen Stunde eine Parole vor. Dieser Satz und die tollen Kostüme beim Christopher Street Day waren die letzten Akte des Dramas Sexualität in unserer Zeit, bei denen noch Spaß aufkam. Danach wurde es immer finsterer.

Dass homosexuelle Menschen für ihre Freiheiten stritten, war die eine Sache, sie war nötig, und sie war erfolgreich. Eine andere war die Fortsetzung der Diskussion um Sex und Gewalt, eine Legierung, die offenbar der von Herrschaft entstellten männlichen Sexualität eingeschrieben sein kann. Die Massenvergewaltigungen im Bosnienkrieg erinnerten in den 1990er Jahren daran, dass die »Verwandlung des Frauenkörpers in ein Schlachtfeld«, wie die amerikanische Schriftstellerin Susan Brownmiller schrieb, bei uns, in den modernen pazifizierten Gesellschaften, keineswegs überwunden ist. Vergewaltigungen im Krieg, schrieb Brownmiller, sollten vor allem die besiegten *Männer* erniedrigen, sie sind eine immer schon geübte kriegerische Maßnahme, die geschändeten Frauen bloße Mittel, bloße Kollateralschäden sozusagen. Konfrontiert mit einer offensichtlichen Unfähigkeit, ihre Frauen zu schützen, werfen die Unterlegenen die Waffen weg und ergeben sich, das ist der Zweck. Der Wissenschaftler Steven Pinker erwähnt in seinem Buch *The Better Angels of our Nature (Gewalt. Eine neue Geschichte der Menschheit)*, dass die Vergewaltigung ein Modus des verbrecherischen Zwangs unter Menschen sei, über den man erst in jüngerer Zeit etwas erfahre, den es aber immer schon gab, von dem man aus älterer Zeit – im Gegensatz zu allen anderen Formen von Mordbrennerei, Grauen und Terror – aber rein gar nichts wisse. Diese nicht geschriebene Geschichte ist eine Folge der Verdonnerung der Frauen, die meistens die Opfer sind, zum Stillesein in der patriarchalischen Gesellschaft. Das Paulus-Wort hat Wirkung gezeigt. Dass auch bei der Vergewaltigung als Kriegswaffe die Männer – auf destruktive und höhnische Weise – miteinander interagieren und die Frauen bloßes Medium sind, bestätigt das Muster, demzufolge Männer in ihrem interessanten Leben mit Männern kommunizieren und Frauen Nebensache sind, noch mal auf eine besonders infame Weise.

Auch außerhalb von Kriegszuständen kommen Vergewaltigungen öfter vor als gedacht, die Dunkelziffer ist hoch, weil viele Opfer schweigen, auch wenn das Patriarchat längst wankt. Selbst Kinder werden vergewaltigt, Mädchen wie Jungen, mit der körperlichen wird die seelische Integrität angegriffen. Skandale um Lehrer und Priester, die sich an Kindern vergangen hatten, schockierten im neuen Jahrtausend die Öffentlichkeit. Man plante Reformen von Gesetzen und Entschädigungszahlungen für Missbrauchsopfer. Ein Streit um Pornografie und Prostitution entbrannte, Feministinnen forderten Verbote. Der Sexdiskurs hatte sich endgültig zwischen die Strafgesetzbücher, Prozessregularien und die Aufarbeitung dunkler Machenschaften in Kirchen und Landschulheimen, zu schweigen vom Aufschwung des Frauenhandels während der 90er Jahre, verlagert. Das, was vom einstigen Glücksversprechen noch übrig war, übernahmen die Therapeuten. Die Love-and-Peace-Hoffnungen der Blumenkinder von einst schienen aufgezehrt.

Man kann dieses Resümee, das sich so pessimistisch anhört, auch anders lesen: als einen Erfolg der Frauen, der verschiedenen Minderheiten und Opferfraktionen, die endlich ihre Sicht der Dinge in den Mittelpunkt gestellt hatten, als ein Bestehen darauf, jetzt erst mal das Böse, Destruktive und Gewaltaffine in oder an der Sexualität zu thematisieren, ehe man sich in romantische

Elogen über Lust und Liebe verliert. Was den Feminismus betrifft, so scheint er beim Thema Sexualität mehr an den Unterthemen Vergewaltigung, Missbrauch, Belästigung, Pornografie und Prostitution interessiert zu sein als daran, den Spuren von Herrschaft nachzugehen, die sich in der gelebten sexuellen Praxis, beziehungsweise im Reden darüber noch anfinden. Für die Sexualität als ein Thema im Kontext von Befreiung und Befriedigung, von Ähnlichkeit und Verschiedenheit der Geschlechter, von Liebeskunst und Lebensglück ist das aber doch ein trauriger Befund. Denn es gäbe hier wie in allen anderen Lebensbezirken, in denen die fein verteilte Herrschaft des männlichen Geschlechtes zu spüren ist, manches zu besprechen. So ist zum Beispiel das Motiv vom Mann als begehrenswertem Sexualobjekt – und zwar außerhalb der homosexuellen Subkultur, gesehen mit weiblichen Augen – viel zu selten angeklungen. Durch die Überantwortung des Diskurses im Kontext von Emanzipation an die Therapie ist die Sexualität im Grunde pathologisiert worden. Es ist die Frage, ob das der Sache gerecht wird. Das Reden über Sex in den Wohngemeinschaften der Alternativen und auch vieler Frauengruppen, das Lachen und Singen während der 1960er und 70er Jahre, hatte eine Freiheit zur Voraussetzung, die heute fehlt. Es war eine Freiheit, die frau sich nehmen wollte und von der sie fand, dass sie ihr zustand, von der sie sich aber auch mal überfordert fühlte und deren Kosten für manche hoch waren: die Freiheit von der Konvention, der Moral und der vordem stets mit Sex verbundenen Perspektive von Ehe und Kindersegen. Das war aufregend und anregend, es gab allen zu denken und neu zu fühlen, auch den Männern. Es war nur ein Intermezzo. Immerhin, die Klänge, die der Diskurs um diese Freiheit evoziert hat, hängen noch in der Luft. Vielleicht fängt eine neue Generation sie auf und singt weiter.

Kapitel 8: Geist

Keine Sphäre im menschlichen Leben und Streben wurde von den Männern so leidenschaftlich gegen den Zutritt von Frauen verteidigt wie die Sphäre des Geistes – was immer im Wandel der Epochen darunter zu verstehen war. Vielleicht hat frau auch deshalb beim Studium des Geschlechterverhältnisses in der Geschichte den Eindruck, dass sich Männer und Frauen in der Landbevölkerung, im Handwerkerstand, sogar in der frühindustriellen Zivilisation, überall dort, wo schwere körperliche Arbeit getan wurde, besser verstanden als unter den Gelehrten, Künstlern und im Adel, wo das Ringen um geistige Phänomene zum Lebensstil und Lebenssinn gehörte. Das Denken jedenfalls war lange Zeit eine Tätigkeit, die eine Front zwischen den Geschlechtern aufmachte, weil dem einen Geschlecht, dem weiblichen, die Fähigkeit dazu abgesprochen wurde. Der Bauer, der sein Feld pflügte und froh war, wenn die Frau die Hühner fütterte und die Eier einsammelte, kannte dieses Problemfeld nicht. Zwar hielt auch er auf Gehorsam seitens der Frau und der Kinder, aber dass er das Privileg besitze, in geistige Sphären aufzusteigen, in die ihm eine Frau nicht folgen könne, auf die Idee kam er kaum. Das Geistige war für ihn das Geistliche, und dafür war der Pfarrer zuständig. Im Umgang mit seiner Frau entfiel somit, vergleicht man ihn mit einem gebildeten Edelmann oder einem Gelehrten, eine ganze Konfliktlinie.

Voltaire hat am Grab seiner Geliebten Émilie du Châtelet, einer hochbegabten Mathematikerin, die sich dank ihrer Herkunft eine Ausbildung hatte leisten können, diese Worte gesprochen: »Sie war ein großer Mann, dessen einziger Fehler es war, eine Frau zu sein.« Was er damit gesagt hat, war, dass einer Frau die mathematische und theoretische Begabung, die Émilie besaß, eigentlich qua Geschlechtswesen abgehen müsse, Émilie somit nur äußerlich eine Frau, geistig aber ein Mann gewesen sei. Um die Regel, die durch Émilies Leistungen auf dem Gebiete der Infinitesimalrechnung verletzt worden war und die da hieß: Nur Männer sind zu geistigen Höhenflügen fähig, wieder in Geltung zu setzen, musste er seine Geliebte in einen Mann umdefinieren – was sich aber ausschließlich auf ihren Kopf bezog. Er hatte sie geliebt – ihren Körper als erotischer Mann, ihren Geist als geistiger Mann, sie war ihm beides gewesen: Geliebte und Partner. Ihren Tod hat er nie verwunden.

Aber was ist denn nun eigentlich *der Geist*? Darüber haben die Philosophen ausführliche Überlegungen angestellt. Er ist nicht dasselbe wie Vernunft und auch nicht dasselbe wie Intelligenz, es gab ihn in voraufgeklärter Zeit nur einmal, und da war er ein Synonym für Gott. Der gewährte den Menschen eine gewisse Teilhabe an seiner Geistigkeit. Seit in der Neuzeit der Mensch mit Schrecken den Gedanken denkt, dass er selbst für die Zustände hier auf Erden verantwortlich ist, wurde auch der Geist säkular. Jetzt stellt man ihn sich als in den menschlichen Köpfen sitzend vor, als ein singuläres Organ, das jenseits der sinnlichen Wahrnehmung zu Erkenntnissen von Tiefe und Wahrheit führt und imstande ist, sich selbst zum Objekt zu machen. Er ist eine Potenz, die den Homo sapiens vom Tier unterscheidet, die den Menschen adelt und verpflichtet, und wenn von »dem Menschen« die Rede ist, dann ist der Mann gemeint. Arthur Schopenhauer vermerkte knapp: »Schon der Anblick der weiblichen Gestalt lehrt, dass das Weib weder zu großen geistigen noch körperlichen Arbeiten bestimmt ist.« Und Friedrich Nietzsche: »Oberfläche ist des Weibes Gemüt, eine bewegliche stürmische Haut auf einem seichten Gewässer.« Wir wissen inzwischen, warum *das Weib* im 19. Jahrhundert und zuvor, ausgeschlossen von den Räumen des Wissens und den Sphären des Geisteslebens, für die Koryphäen aus der philosophischen Fakultät in der Regel kein interessanter Gesprächspartner war. Das tiefe Denken fand nicht in den abgeschlossenen Räumen des privaten Lebens statt, wo Frauen sich aufhielten. Während Männer eine *Öffentlichkeit* schufen, um ihr weltbewegendes Denken darin vorzustellen, zu diskutieren, weiterzuentwickeln, zu überwinden und neu zu entwerfen, achteten sie zugleich darauf, dass Frauen – von seltenen Ausnahmen abgesehen – dieser Öffentlichkeit tunlichst fern blieben. Voltaire hat eine Ausnahme gekannt, und ein Schriftsteller wie Stendhal schrieb mal über einen Frauenverächter, dieser Mann glaube wohl, »dass die Bäume bereits beschnitten zur Welt kämen«. Es war also seinerzeit möglich, den Zusammenhang von Lebensbedingungen, Bildung und *Geist* zu durchschauen und das geschlechtsbedingte Vorurteil abzulegen. Dass so wenige es taten, spricht gegen die große Mehrheit der Männer. Frau muss dennoch versuchen nachzuvollziehen, wie das kam.

Man versteht die Folgen der Geschlechtertrennung nicht, wenn man nicht zugleich bedenkt, dass ja die Geschlechter auch zusammenkamen, dass sie aufeinander bezogen waren, die Frauen ganz und gar auf die Männer und die Männer auf die Frauen zumindest im Bett und im Familienrahmen. Diese Rest-Abhängigkeit, mit der die Männer leben mussten, nährte Abwehr in ihnen, und so waren sie immer gerne dabei, wenn es darum ging, am Stammtisch oder in der Universitätsmensa Frauen abzuwerten. Aber auch Frauenfreunde, die, wie der Dichter Stendhal, Frauen *mehr* zutrauten, neigten dazu, einer *Projektion* Raum zu geben, wenn sie mit Frauen zu tun hatten. Weil *sie selbst* an Frauen nur im Kontext von Liebesgefühlen, Erotik oder Haushälterei dachten, zogen sie den – gänzlich ungerechtfertigten – Schluss, dass Frauen ihrerseits nichts anderes im Kopf hätten als die Liebe und dann noch Kinder und ein gutes Mittagessen. Waren Frauen erst einmal in dieser Weise einem bestimmten Lebensbezirk zugeordnet, konnten Männer es sich schwer vorstellen, sie in ganz anderen Welten, zum Beispiel im philosophischen Seminar, ernstzunehmen beziehungsweise überhaupt anzutreffen. Und dann war es nur noch ein kleiner Schritt, und der »Kopf«, den es fürs Denken nun mal brauche, war Frauen abgesprochen. Es ist lustig, wie Schopenhauer sich bemüht, seine Einschätzung durch den Augenschein zu begründen. Man sieht es ihr an, der Frau, triumphiert er, dass sie nicht denken kann. Schon ihre Gestalt … Obwohl ihm sonst bewusst war, dass der Augenschein gerne mal trügt, war er hier borniert.

Es ist eine Tatsache, dass das Geistesleben der Moderne, verstanden als philosophische, philologische und anthropologische Debatte in Europa über Ländergrenzen hinweg, aber auch die großen Zeitdiagnosen seit Aufkommen der technischen Zivilisation, eine Leistung von Männern war. Frauen kamen höchstens als Zaungäste vor. Womöglich hatten sie im Mittelalter noch mehr Chancen, sich in die allfälligen theologischen Dispute einzubringen – das ist schwer zu sagen. Man hört davon, dass *Frauen im Kulturprozess der Frühen Neuzeit,* so der Untertitel eines Buchs von Sabine Koloch, im neu entstehenden Verlagswesen recht selbstverständlich mit von der Partie waren. Erst das 19. Jahrhundert brachte es zu einer regelrechten Verschwörung, was die Notwendigkeit betraf, Frauen Geist abzusprechen. Schon im 18. war man sich einig: Frauen haben im großen Palaver um den Weltgeist nichts beizutragen. Caroline Schlegel-Schelling, eine Frau mit Geist, wie man heute unbedingt, aber auch zu ihren Lebzeiten – sie starb 1809 – schon sagte, urteilte über eine Freundin, die eine Promotion anstrebte: »Es ist wahr, Dortchen hat unendlich viel Talent und Geist, aber zu ihrem Unglück, denn mit diesen Anlagen kann sie weder wahres Glück noch Achtung erwarten.« Alle Welt war sich einig: Wenn die Natur oder Gott sich mal vertan und, wie bei Émilie du Châtelet und Dorothea Schlözer, ein Mädchen mit Geist ausgestattet hatte, durfte man diese »Anlagen« keinesfalls ausbilden, denn das führte ins Unglück. Sogar eine kluge Frau wie Caroline, mehrsprachige Vielleserin und Übersetzerin, dachte so! Mithin waren die Karten ausgeteilt, und der Trumpf mit dem Index Geist gehörte ganz den Männern. Diese verteidigten ihr Wissen nicht nur gegen Frauen, sondern auch untereinander gegen Außenseiter und Blender. Der Geist war immer exquisit, wer in seinem Namen an- und auftreten wollte, musste sich ausweisen. Er musste die richtigen Schulen und Universitäten besucht, die einschlägigen Werke gelesen und die Wendepunkte der großen Diskurse nachvollzogen haben – das ist bis heute so. Inzwischen aber sind Frauen dabei. Das ist einer der schönsten und folgenreichsten Siege im sozialen Leben der Neuzeit.

Es bleibt dennoch erklärungsbedürftig, warum die Männer sich mit so starken Affekten, wie sie beispielsweise bei Schopenhauer und Nietzsche deutlich werden, gegen die Partizipation von Frauen am Geistesleben gewehrt haben. Ein Grund liegt in der erwähnten Projektion. Insoweit Männer ihre Kommunikation mit Frauen auf das erotische Feld eingegrenzt hatten, war für sie jede Begegnung mit einer Frau erotisiert. Sie konnten an eine Frau nicht anders denken als an eine mögliche oder unmögliche Bett- oder Ehepartnerin, sie konnten ihr ja auch kaum anders begegnen. Trafen sie dann auf eine Frau im Zusammenhang ihrer Forschung, ihrer Lektüre oder ihrer Lehre, so waren diese geistigen Bezirke in ihrer Vorstellung sofort kontaminiert – mit dem Geschlechtlichen, mit der erotischen Spannung, mit der Natur, mit dem Leben als solchem. Was sie sich nun aber wünschten, war ein Absehen von all diesen Unwägbarkeiten. Der Geist sollte *rein* sein und als solcher umschrieben und angerufen werden und seine Erkenntnisse bescheren. Was die idealistische Philosophie in Deutschland so schwer lesbar macht, ist ihr unbedingtes Festhalten am Reich der Gedanken als losgelöstem, an der Abstraktion von aller Lebendigkeit mit ihrer Endlichkeit und ihren Zufällen. Die wurde auf die Frauen projiziert und aus der Philosophie ausgeschlossen, obschon ja Männer ihrerseits genauso mit Leib und Trieb und Sterblichkeit geschlagen waren. Sie hatten aber noch etwas Zusätzliches: den Geist. Und wenn sie den sozusagen herausschälen wollten aus der Gesamtheit der Phänomene, mussten sie von ihrem leiblichen Sosein absehen und außerdem jenes Geschlecht rauswerfen, das nur eine Leiblichkeit besaß und manchmal Intelligenz, aber keinen Geist. So wurde die Abwehr von Frauen auf dem Felde des reinen Denkens aggressiv und paarte sich mit Abwertung. Als man später, an der Schwelle zum 20. Jahrhundert, auf die Idee kam, dass der Geist womöglich auch als schmuddeliger zu ganz guten Leistungen fähig sei, und ihn mit dem Leben zu versöhnen suchte, war es fast schon zu spät. Die Frauen waren allzu lange außen vor geblieben, sie hatten den Anschluss verpasst und wirkten am Katheder immer noch deplatziert. Erst die – mühsam erkämpfte – Zulassung der Frauen zu den Universitäten wendete allmählich das Blatt.

Ein anderer Grund für die Ausschließung von Frauen aus dem Reich des Denkens war der Machtverlust aufseiten der Männer, der unweigerlich drohte, wenn Frauen anfingen, ihren Kopf zu benutzen und womöglich Kritik zu üben – wobei, um es zu wiederholen, kluge Frauen zu jeder Zeit durchaus geschätzt wurden. Klugheit war aber etwas anderes als Geist; der wurde, seit die Menschheit anfing, ihn als eine Art Erbe vom abdankenden Herrgott zu übernehmen, nur Männern zugetraut. Und als solcher, als männliche Sonderbegabung – die auch nicht jedem einzelnen Mann zukam –, half er dabei, die Herrschaft der Männer über die Erde und auch über die Frauen aufrechtzuerhalten. Wenn man es so sieht, erkennt man ein weiteres Mal, wie stark die Veränderungen waren, die am überlieferten Weltbild vorgenommen werden mussten, nachdem die Frauen mit der Forderung nach Gleichheit auch den Geist für sich reklamierten. Die Männer wurden immer ungehaltener. Die Schmähungen, die sie ausstießen, um Frauen aus Hörsälen und erst recht von Lehrstühlen zu verbannen, verloren alles Maß. Die Schrift des Neurologen Paul Julius Möbius, *Über den physiologischen Schwachsinn des Weibes*, erschien im Jahre 1900 (!) und wurde im gesamten 20. Jahrhundert immer wieder aufgelegt. »Noch vor gut hundertfünfzig Jahren«, so Marie Sichtermann in einem Vortrag aus dem Jahre 2015, »wurde es für Natur gehalten, dass Bildung und Lesen die Gebärmutter der Frauen beschädige, obwohl es nichts, keine Boje, kein Schiff auf dem wilden Meer der Realität gab, das einen Anhaltspunkt für diesen absurden Gedanken gab. Die Schädigung galt als Tatsache und als wissenschaftlich erwiesen. Der Gebärmutter ist es egal, ob eine Frau liest. Es sind die Interessen der Männer, die sie vom Wissen fernhalten.« Der geringe Anteil von Frauen am akademischen Lehrkörper unserer Zeit – vergleicht man ihn etwa mit dem aktiver Politikerinnen oder Wirtschaftsführerinnen – ist eine Spätfolge dieses Banns.

Es half aber nichts. Die Frauen gingen hinein in die Räume des Wissens und der Denkmethoden, sie lasen und studierten und vollzogen mit ihren grauen Zellen jene Operationen nach, von denen es hieß, nur Männer seien zu ihnen imstande. Es gab einzelne herausragende Vertreter des männlichen Geschlechts, denen es unwahrscheinlich vorkam, dass Frauen keine Denkerinnen sein sollten, so der Marquis de Condorcet, die erwähnten Schriftsteller Friedrich Schlegel und Stendhal, ferner Theodor Gottlieb von Hippel und John Stuart Mill. Die große Mehrheit aber war stolz darauf, sich durch Teilhabe am reinen Geist von den Frauen zu unterscheiden und aus dieser Qualität eine Art Legitimation für ihre Herrschaft über die Weiber abzuleiten. Als sich die Sache mit dem rein männlichen Geist dann als Bluff herausstellte, waren die Männer nicht bereit und fähig, sich bei den Frauen zu entschuldigen und ihnen fürs Erste ein Vorrecht auf knappe Studienplätze einzuräumen, sondern sie murrten und maulten und bewiesen damit, dass sie ziemlich kleine Geister waren – zu schweigen vom Format ihrer Charaktere.

Ein Rückzugsfeld bot ihnen in unserer Zeit die Hirnforschung, um die es derzeit etwas stiller geworden ist, die aber vor ungefähr einem Jahrzehnt mächtig von sich reden machte, auch und besonders, was den Geschlechterunterschied betrifft. Man stellte fest, dass die Gehirne von Männern und Frauen auffällige Differenzen in der Konstruktion aufwiesen, die es nahelegten, von einer unterschiedlichen Funktionsweise auszugehen, und so erhielten die Befürworter einer geschlechtsspezifischen Arbeitsteilung wieder Oberwasser. Es war aber schwierig geworden, den Frauen die Fähigkeit zur Teilhabe am Geist abzusprechen, dafür gab es inzwischen schon zu viele Geistesheroinen: von Émilie du Châtelet bis Hannah Arendt, von Simone de Beauvoir bis Susan Sontag, von Marie Curie bis Lise Meitner, von Luce Irigaray bis Judith Butler. Außerdem setzte sich die Lesart durch, dass es letztlich nicht auf die Wege ankomme, die der Cursor im Kopf entlangliefe, um zu einem Ergebnis zu gelangen, sondern darauf, ob das Ergebnis überzeuge. Anders gesagt: Die Architektur der grauen Zellen könne gerne von Mensch zu Mensch und von Geschlecht zu Geschlecht variieren, wichtig sei, wohin sich die jeweilige Steuerungsinstanz bei einer Problemlösung im Hirn bewege und ob etwas dabei herauskomme. Diese neue Aufklärung im Zeichen der Gleichheit öffnete Frauen weitere Türen, der Geist war doppelgeschlechtlich geworden oder besser: Er war nicht mehr abhängig vom Geschlecht. E ist gleich m mal c zum Quadrat, egal, wer es sagt oder herausgefunden hat.

Hat man sich erst mal von der Zwangsvorstellung verabschiedet, dass das Geschlecht alles und jedes beeinflusse oder infiltriere, was ein weiblicher Mensch tut und lässt, so kann man sich in einem zweiten Zugriff auch wieder dafür interessieren, ob es bei der einen oder anderen Form geistiger Arbeit womöglich geschlechtsspezifische Färbungen gibt und zwar bei beiden Geschlechtern. Es ginge dann um Qualitäten und nicht mehr um binäre Codes wie Ja oder Nein, drinnen und draußen, gleich oder ungleich, geistig und ungeistig. Einst dachte man, dass Männer, wenn sie geistig arbeiteten, ihr Geschlecht quasi abschalteten, sie waren dann nur Mensch und Geist. Frauen aber hätten keinen Abschaltknopf. Dass diese Denkfigur sich aus *Projektionen* zusammensetzt (weil Männer vor allem im Zeichen der Liebesgefühle an Frauen denken, glauben sie, dass Frauen alles im Zeichen der Liebesgefühle sehen), haben wir erörtert. Sogar ein so kluger Kopf wie Georg Simmel tappte in diese selbstgebaute Denkfalle, indem er den Frauen zwar die Fähigkeit zum logischen Denken zuerkannte, sie insoweit wacker verteidigte, sie aber dann seiner Diagnose, sie seien von ihren Gefühlen beherrscht, wieder unterwarf. »Wo es den Eindruck macht, als fehlte ihnen die Fähigkeit logischen Schließens, da sind es, wie ich bei näherer Zergliederung stets gefunden habe, *materiale* Irrtümer, die sich in die Prämissen einschleichen – meistens insofern das Vorherrschen des Gefühlslebens ihre Auffassung der Tatsachen beirrt und das Resultat fälscht.« Zu dem folgenreichen gedanklichen Irrläufer, der darauf hinauswill, dass Frauen ganz und gar von ihren Gefühlen abhingen, hat Marie Sichtermann schon im Jahre 2000 (auf einem Kongress in Wien zum Thema »Die Macht begehren«) diesen bitteren Kommentar geliefert: »Die Mär von den emotionalen Frauen und gefühlsarmen Männern geistert immer noch durchs Abendland. Dabei haben sich Männer und Frauen lediglich unterschiedliche Ausdrucksformen und Orte für ihre Emotionen gesucht, wobei ich finde, dass die Männer den besseren Teil abbekommen haben, aber wir sind ja schließlich im Patriarchat. Vor allem Politik hat wenig mit Geist und viel mit Gefühl zu tun. Und dennoch ist es gelungen, Frauen von diesen Feldern fernzuhalten mit der Begründung, sie seien zu emotional, und ihre wahre Natur verlange nach etwas anderem. Wenn Frauen die Macht begehren, weil sie teilhaben wollen an der Erotik und den leidenschaftlichen Gefühlen, die Männer in ihre Arbeit investieren, so begehren sie das Beste an der Macht nach Männerart. Wenn sie jedoch daherkommen und familienfreundliche Arbeitsbedingungen für Führungskräfte verlangen, ist der Zauber raus.«

Seitdem wir mit Aufkommen der Neuen Frauenbewegung das Geschlecht bei Männern *und* Frauen zu einer Hintergrundgröße gemacht haben, wenn es um geistige Arbeit geht, können wir, wie oben angedeutet, auch mal liebäugeln mit Fragen nach dem Einfluss des Geschlechtes auf diese Arbeit. Allerdings ebenso oder vornehmlich bei den Männern. Sind sie wirklich so geschlechtslos, wenn sie die Welt erklären? Dürfen sie nicht sogar ihre Geschlechtlichkeit mit ins Spiel bringen, wenn sie denken, ohne deshalb zwangsläufig das Resultat zu verderben? Kann ein Mensch überhaupt sein Geschlecht an der Garderobe abgeben, bevor er die heilige Halle des Elfenbeinturms oder die profane Halle des öffentlichen Denkens betritt? Sollte man sich nicht darauf einigen, dass das Geschlecht nun mal immer dabei ist, bei Männern ebenso wie bei Frauen, dass es aber beim Denken nicht stören muss? Diese Fragen und ihre möglichen Antworten scheinen trivial, sind es aber nicht. Denn genau das müssen Männer nach der Eroberung der Universitäten durch die Frauen lernen: dass sie selbst Geschlechtswesen bleiben, wenn sie philosophieren. Und dass sie Frauen als Menschen und mögliche Konkurrentinnen um das Amt der Weltdeutung wahrzunehmen haben und nicht nur als Wesen mit Attributen, die sie sexuell erregen (oder abtörnen) können. Das gilt natürlich für Politik, Wirtschaft, Künste und so weiter gleichermaßen. Viele Männer haben mit einer solchen nötigen Neutralisierung ihres Blicks auf die Frauen noch erhebliche Schwierigkeiten. Vor ein paar Jahren gab es die Affäre um den Politiker Rainer Brüderle. Der hatte einer Journalistin ein Kompliment wegen ihrer Oberweite gemacht. Die aber wollte nicht mit ihm flirten, sondern etwas über seine Partei, die FDP, wissen. Viele Männer, auch manche Frauen fanden die Empörung, die auf das – von der Journalistin öffentlich gemachte – Verhalten des Politikers folgte, übertrieben, ja man sagt dann auch gerne: »prüde«. Dabei ist in solchen Fällen immer der Kontext ausschlaggebend. Wenn eine Frau und ein Mann in einem sachlichen, beruflichen Kontext aufeinandertreffen, dann muss der Mann seinen Flirtreflex nun mal unterdrücken, er muss sogar verstehen, dass Anspielungen auf Oberweiten, wenn es um Sachfragen geht, einer Entwertung gleichkommen. Mädchen, sagt der Politiker im Subtext zur Journalistin, was plagst du dich hier mit Block und Bleistift und der großen Politik, wo du doch dazu geschaffen bist, der Männerwelt mit deiner Figur Freude zu bereiten ...! Diesen Subtext bei ihren eigenen Gedanken oder Worten kritisch mitzulesen fällt Männern noch schwer.

Frauen haben weniger Schwierigkeiten damit, dem anderen Geschlecht in funktionalen Zusammenhängen professionell zu begegnen, weil sie im Laufe der Geschichte dazu erzogen wurden, Männer gerade *nicht* spontan als mögliche erotische Partner anzusehen. Deshalb können sie jetzt ganz gut mit einem Mann über den Weltgeist diskutieren, ohne auf einer Nebenspur in ihrem Kopf darüber nachdenken zu müssen, ob sie eine Gelegenheit suchen sollten, mit ihm ins Bett zu gehen. Sie tun es nur dann, wenn der Mann ihnen besonders gut gefällt; insofern sind sie in den Räumen der beruflichen Konkurrenz freier. Und wenn sie mal verlegen werden, dann meist nicht, weil sie sich gegen eine erotische Irritation wehren, sondern weil sie sich mit den üblichen, von der Vergangenheit geerbten Selbstzweifeln herumplagen. Hier müssen sie vorankommen. Der Geist wartet auf sie.

So erfreulich der Einzug der Frauen in die Räume des Geistes ist, er bedeutet leider nicht, dass alle Vorurteile, welche die Neigungen und Eignungen der Geschlechter betreffen, vom Tisch gewischt worden wären. Vorurteile haben die Tendenz zu kleben – im Bewusstsein der Menschen. Es ist erst zwei Generationen her, dass der Spruch »Du heiratest ja doch« wie ein Hammer auf Studien- und sonstige Bildungs- und Ausbildungspläne von Mädchen niederfuhr, wann immer es darum ging, wer für solche Pläne zahlt. Inzwischen hat es sich im Prinzip ausgehämmert, aber »was Praktisches« oder soziale Berufe sind es nach wie vor, die Mädchen anempfohlen werden. Und da sie im jungen Alter meist noch recht empfänglich sind für den Zuspruch der Eltern oder des Berufsberaters, werden sie Krankenschwester, Erzieherin oder Altenpflegerin statt Informatikerin, Ingenieurin, Philosophieprofessorin oder Systemanalytikerin und ändern so auch nichts an der Statistik, derzufolge Frauen zu den notorisch Schlechterverdienenden zählen. Dass dahinter die längst überwundene, als Vorurteil aber noch intakte Ausschließung der Frau aus dem Reich des Geistes steckt, machen sich die Beteiligten meist nicht klar. Einen Wandel wird es geben, wenn Studienfächer wie Philosophie, naturwissenschaftliche Forschung und *reine* Mathematik so einladend für Frauen geworden sind, dass sich immer mehr dort umtun und so die Voraussetzungen, dass die Befassung mit Wissenschaft sich für Frauen mit Freude und Stolz verbindet, immer besser werden. Wir sind auf dem Weg.

Ein Ableger des Geistes ist der Witz, die Fähigkeit, lachen zu machen. Auch sie war lange eine männliche Domäne. Es ist circa zwei Jahrzehnte her, da wurde ernsthaft darüber nachgedacht, ob Frauen überhaupt humorfähig seien. Inzwischen haben in den Kunst- und Unterhaltungsbranchen Kabarett, Comedy und Komödie so viele Frauen gezeigt, was sie können, dass man diese Frage nicht mehr stellt. Es tritt aber, wenn man die Proportionen von männlicher und weiblicher Teilhabe in diesen Berufs- und Selbstdarstellungsbereichen anschaut, deutlich hervor, dass sich im komödiantischen Fach anteilweise etwa so wenige Frauen tummeln wie in den Vorständen von DAX-Konzernen. Das mag damit zusammenhängen, dass Frauen über ein geringeres Maß an jener Verhaltensbereitschaft verfügen, die man originäre Angriffslust nennen könnte. Die ist eine wichtige Voraussetzung fürs Lachen-Machen. Man könnte an dieser Stelle wieder über angeborene Faktoren reden – Frauen wollen harmonisieren und Männer kämpfen, das sei hormonell bedingt –, aber das führt zu gar nichts, und zwar weil die Einflüsse der Erziehung, der Vorbilder und gesellschaftlichen Erwartungen letztlich stärker sind als alle Hormonausschüttungen zusammen. Wer heute bedauernd feststellt, dass es nur wenige witzige Frauen auf unseren Bühnen und im Fernsehen gibt, sollte daran denken, das es vor einer oder zwei Generationen fast gar keine gab. Ein Zuwachs ist da, und er ist, an der desaströsen Ausgangslage gemessen, beträchtlich. Allerdings bleibt es richtig, dass die Situation immer noch prekär ist. Dafür mag folgende Anekdote stehen: Wer in Kontaktanzeigen blättert, stellt schnell fest, dass der *Humor* als erwünschte Eigenschaft eines Partners oder einer Partnerin bei Männern und Frauen ziemlich weit oben steht. Aber was bedeutet es, wenn sich ein Mann von seiner künftigen Liebsten oder eine Frau von ihrem Ehemann in spe Humor wünscht? Bedeutet es dasselbe? Nein. Die Frau wünscht sich, dass der Mann sie zum Lachen bringt. Und der Mann möchte, dass die Frau über seine Witze lacht. Die Frau als Witze-*macherin* kommt nicht vor, sie ist die Über-Witze-Lacherin, da sind sich die Geschlechter einig. Es ist der Mann, der die Pointen setzt. Man könnte die Reste seines vormaligen Privilegs in Sachen Geist darin erblicken. Die werden auch noch dahinschwinden. Das darf man deswegen hoffen, weil die männlichen Witzemacher immer bereitwilliger über sich selber lachen machen und über die komische Figur, die der Mann im Prozess der Emanzipation abgegeben hat.

Kapitel 9: Arbeit

Ein weiterer großer Schritt auf dem Wege der Frauen-emanzipation war das *Recht auf Erwerb*. Bildung und Erwerb standen natürlich in engem Zusammenhang. Solange Frauen nicht studieren durften, konnte sich auch niemand wundern, dass es keine Ärztinnen, Richterinnen oder Architektinnen gab. Gearbeitet aber haben Frauen immer. Dermaleinst waren die müßigen Schichten, der Adel und das Großbürgertum, die ihre Frauen von den Mühen nicht nur des Geldverdienens, sondern auch der Haushaltspflichten weitgehend freistellten, recht klein, die gebildeten Stadtbürger mit ihren belesenen Gattinnen (einflussreiche) Minderheiten. Die große Mehrheit lebte und arbeitete auf dem Land, und da mussten alle mit anpacken, auch die Kinder, die Frauen sowieso.

Warum war gleichwohl das Recht auf Erwerb so wichtig? Die Kämpferinnen für Gleichberechtigung im 19. Jahrhundert hatten bei Fragen der weiblichen Erwerbstätigkeit das Los unverheirateter Frauen vor Augen, die ihren Familien auf der Tasche lagen oder sich als Gouvernanten oder Klavierlehrerinnen durchschlugen, wenn sie nicht in ein Kloster abgeschoben wurden. Das waren teilweise unwürdige Lebenslagen, aus denen Frauen befreit werden sollten – durch bessere Ausbildung und die Chance, eine Zone zu betreten, die sich damals erst herausbildete: den *Arbeitsmarkt*. Zwar hatten seit Beginn der Industrialisierung die Frauen und Töchter des Proletariats längst Bekanntschaft mit dem Niedriglohnsektor dieser neuartigen Institution gemacht – für die große Masse der Frauen aber war er eine No-Go-Area. Er bildete das Herrschaftsverhältnis zwischen den Geschlechtern ganz gut ab. Während mit der modernen technischen Zivilisation und ihren Begleitphänomenen wie Industrie und Verstädterung nicht nur die Warenmärkte, sondern auch die Arbeitsmärkte explodierten, auf denen Männer sich um Stellen bewarben, füllte zugleich die bürgerliche Propaganda von der »züchtigen Hausfrau« die Gazetten, die Erbauungsliteratur und die improvisierten Andachten in den Wohnstuben der Menschen. Die Arbeit als von Privilegien, Zunft-, Innungs- und Lizenzschranken weitgehend befreite war erfunden und – Männersache. Sie war hart, knapp, disziplinierend und entfremdet, aber sie brachte Geld. Und das sollten vorwiegend Männer verdienen. Dafür, dass im Leben noch so etwas wie ein natürliches Dasein zwischen Kindern, Haustieren und Herdfeuer vorkam, standen die Frauen. Ihnen wollte man nicht zumuten, sich auf dem Markt für Arbeit feilzubieten, man empfand das als Spielart von Prostitution. Und denjenigen, die es doch tun mussten, den Frauen aus der Unterschicht, galten besondere Programme der Fürsorge und später dann, als es eine Arbeiterbewegung gab, gesetzliche Schutzmaßnahmen. Die bürgerlichen Frauen aber und auch diejenigen, die aus dem Kleinbürgertum und aus der Arbeiterklasse nach einem solchen Status strebten, sollten nicht auf Erwerb angewiesen sein. Ihre Lebensaufgabe war es, einen Mann zu finden, der sie und die gemeinsamen Kinder materiell erhielt. Das war auch schon in den Jahrhunderten zuvor so gewesen, aber jetzt gab es mit dem Arbeitsmarkt eine Institution, die es Frauen theoretisch ermöglichte, unabhängig zu werden. Es gab eine Alternative zur Ehe. Und die musste als Option für Frauen seitens des Patriarchats unbedingt schlechtgeredet werden, siehe die Hausmütterchen-Propaganda. Aber auch die

Frauenrechtlerinnen aus dem 19. Jahrhundert, die sich für Bildung und Berufstätigkeit unverheirateter Frauen einsetzten, hielten es mehrheitlich für die »eigentliche« Erfüllung eines Frauenlebens, als Ehefrau und Mutter zu wirken. Ausnahmen wie die Wahlberlinerin Louise Aston, die sich als Schriftstellerin einen Namen machte und die Ehe ablehnte, waren selten. Die »sitzen gebliebene« Jungfer galt als Sozialfall, sie war immer bedauernswert. Das wollten die Frauenrechtlerinnen ändern. Ledige Damen sollten in Würde hinter einem Kontorschreibtisch sitzen können und so viel Lohn nach Hause tragen, dass es zum Leben reichte. Dafür mussten mögliche Frauenjobs aufgewertet werden, und das hieß, diejenigen Frauen, die lieber am Arbeitsmarkt auftreten wollten, als eine Ehe einzugehen, oder die einfach keinen Mann gefunden hatten, sollten *qualifiziert* werden. Das waren die ersten Schritte in Richtung auf eine Verlinkung des modernen Arbeitsmarktes mit den Lebensperspektiven von Frauen.

Der Arbeitsmarkt war besonders in seinen Anfängen kein Dorado. Er war unreguliert, es ging wüst zu, Lohndrückerei war normal, und die Arbeitgeber beschäftigten gern ledige Frauen, weil die sich ja nur aus Not an sie wandten, also in einer schlechten Verhandlungsposition waren. Geringer Lohn galt dann als ihr Pech und als verdienter Gewinn der Unternehmer. Auch der moderne Arbeitsmarkt war, wie die Sphäre der Verhandlung um Löhne immer schon, segmentiert. Ging es um qualifizierte Arbeit, so stieß man auf bessere Sitten und höhere Gehälter. In diese Segmente sollten, so die Agitation von Emanzipierten wie Luise Büchner oder Louise Otto-Peters, nach einer allgemeinen Qualifizierungsoffensive im Dienste der Frauen die Anwärterinnen auf bessere Posten vorstoßen. Aber es ging nicht nur ums Geld. Während der Debatte um das Recht auf Erwerb war ein neuer interessanter Gesichtspunkt aufgetaucht: Arbeit konnte glücklich machen. Der Mann ging nicht nur deshalb des Morgens mit Freuden aus dem Haus, weil er stolz darauf war, als Büroleiter, Regierungsrat oder Zeitungsverleger den Unterhalt für seine Familie zu verdienen, sondern auch, weil er gern vor den Klienten wichtigtat, seine Untergebenen malträtierte oder die Lieferanten bei Verhandlungen über den Tisch zog. Ein Maurer, Kutscher oder Fabrikarbeiter gewann sogar schwerer Arbeit erfreuliche Seiten ab. Es war ein gutes Gefühl, etwas fertigbekommen zu haben, und unter den Kollegen fand man echte Freunde. Mit einem Wort: Die Arbeitswelt hatte ihre Reize. Es gab da nicht bloß Lohn, sondern auch Spannung, Spaß und Sinn, Bestätigung, Befriedigung und Bedeutung. Desgleichen Ärger und Enttäuschung, aber so war halt das Leben.

Es war das Leben, das Frauen nicht kannten und nicht kennen sollten. Wenn sie es doch kennenlernten, dann vorwiegend in einer defizitären Ausprägung, als Plackerei und Ausbeutung. Aber auch das stimmt nicht ganz. Denn es gab Lehrerinnen, es gab Geschäftsfrauen, es gab Schneiderinnen, die ihrer Tätigkeit mit Lust und Erfolg oblagen. Doch sie repräsentierten nicht die Norm. Für die Mehrheit der Frauen galt: die aushäusige Arbeitswelt war für sie nicht gemacht und nicht gedacht, das nahmen sie hin. Bis ihnen schließlich doch, als der moderne Arbeitsmarkt immer mehr von ihnen anzog und aufsog, öfter mal der Gedanke kam, dass ja ein Beruf, zum Beispiel als Kontoristin oder Verlegerin, als Gastwirtin oder Schauspielerin, auch etwas sehr Schönes sein könnte. Frau hätte ihr eigenes Geld. Sie wäre unabhängig. Sie hätte eine Aufgabe und eine Bedeutung jenseits der Familie. Vor allem solche Frauen, die ledig geblieben waren, deren Ehen zu scheitern drohten oder die als Witwen keine Lust hatten, noch einmal zu heiraten, dachten in diese Richtung. Die Frauenbewegung des 19. Jahrhunderts aber nahm den Gedanken nur zögernd auf. Sie kam allerdings nicht an der Peinlichkeit vorbei, die darin lag, dass Ehemänner stets das Vermögen ihrer Frauen verwalteten und ihnen eine Berufstätigkeit untersagen konnten, dass also verheiratete Frauen weder ökonomisch noch familienstandrechtlich einen *Selbststand* als juristische Personen besaßen, dass sie abhängig waren wie Leibeigene. Das Recht auf Erwerb bot sich als ein Weg an, perspektivisch allen Frauen zu einem neuartigen Selbststand zu verhelfen. Also wurde er in die Agenda der Emanzipation aufgenommen. Das war ein wichtiger Schritt im Zeichen der *Gleichheit*. Auch wenn die Feministinnen jener Zeit nicht über weibliche Beschäftigung im Rahmen sogenannter *Frauenberufe* (Kinderschwester, Sekretärin, Arzt-, Anwalts- und Apothekenhelferin, Laborassistentin und Ähnliches, außerdem natürlich die Klassiker wie Lehrerin und Gesellschafterin sowie Hilfskräfte in allen Branchen) hinausdachten, also die *Ungleichheit* von Anfang an mit dabei war, konnte frau doch die Eroberung der Ausbildungs- und Arbeitsmärkte als Fortschritt im Sinne der Gleichheit feiern.

Es ist bis heute so, dass der Arbeitsmarkt das Tor ist, durch das eine Frau gehen muss, die ihre Unabhängigkeit bewahren oder erringen will. Dem Arbeitsmarkt vorgelagert ist das Ausbildungssystem. Auf beide Institutionen muss eine Frau, die auf eigenen Füßen stehen möchte, sich einlassen, wobei ihr Wunsch nach Selbststand inzwischen allgemein akzeptiert, ja bestärkt wird und Ausbildungs- sowie Berufswege Frauen in voller Breite offenstehen. Es gibt immer noch Reste von Diskriminierung – so muss sich ein weiblicher Lehrling in einer Kfz-Werkstatt unter lauter Jungs manchmal noch mit alten Vorurteilen herumplagen –, aber an diesen Fronten sind bedeutende Fortschritte erzielt worden. Die sogenannten Frauenberufe verlieren ihren geschlechtsspezifischen Index nach und nach, und junge Männer werden immer öfter Buchhändler, Altenpfleger oder Kinderarzt. Man sieht die obsoleten Zuordnungen noch, sie schimmern sozusagen durch, aber ein weiblicher Mensch als Konzertmeisterin in einem Orchester, als Generalin bei der Bundeswehr, als Intendantin eines Radiosenders ist keine spektakuläre Ausnahme mehr. Frauen und Arbeitsmarkt, Mädchen und beruflicher Ehrgeiz, Weiblichkeit und Amt sind nicht mehr länger zwei Welten. Wir sind ganz schön weit gekommen.

Umso seltsamer, dass es in Hinsicht auf Frauenbiografien immer noch die Entgegensetzung von *Arbeit* und *Zuhause-Bleiben* gibt. Sowie eine Frau Mutter wird, tut sich diese im Grunde überholte Alternative auf. Man hört immer noch die Meinung, dass die Erziehung eines Kindes schließlich auch ein gehöriges Stück Arbeit sei, die Führung eines Haushalts und die praktische Versorgung einer Familie desgleichen. Das Ärgerliche an dieser Debatte ist, dass hier zwei »Arbeits«-Begriffe parallelisiert werden, die nicht wirklich miteinander kompatibel sind und nur irreführenderweise den gleichen Namen haben. Die sogenannte Familienarbeit, das Kinder-Versorgen und der Haushalt, sie sind Tätigkeiten, die von der puren Notdurft der Existenz erzwungen werden; auch ein alleinstehender Mann muss sich was zu essen besorgen und zusehen, dass er was zum Anziehen hat, oder er muss jemand dafür bezahlen, dass er oder sie das für ihn erledigt. Ein Dach über dem Kopf, ein warmes Bett, Hose und Hemd und eine Mahlzeit, dafür muss immerdar gesorgt werden, jeder Mensch braucht es, und dass man so lange den Frauen all jene Tätigkeiten, die mit dieser Grundversorgung verbunden sind, aufgeladen hat, unter dem Vorwand, das sei nun mal die ihnen von Gott oder der Natur gestellte Aufgabe, ist schlimm genug. Jetzt muss das ein Ende haben. Auch die Frauenbewegung hat lange daran mitgewirkt, den entscheidenden kategorialen Unterschied zwischen einer bezahlten Stelle, die über den Arbeitsmarkt vermittelt wird, einerseits und hauswirtschaftlicher und erzieherischer Tätigkeit von Frauen daheim andererseits zu vernebeln und zu verwischen. Sie hat sogar »Lohn für Hausarbeit« gefordert, eine Idee, die nicht nur ökonomisch irreal ist, denn woher sollte das Geld kommen, sondern auch den Irrtum bestärkt hat, Hausarbeit sei ebenso eine Arbeit wie die Tätigkeit einer Sachbearbeiterin, Fleischereifachverkäuferin, Ärztin oder Pilotin. Hausarbeit ist, wohlgemerkt, nicht niedriger oder höher als bezahlte, über den Arbeitsmarkt vermittelte Arbeit, sie ist etwas grundsätzlich anderes, aus dessen Alleinzuständigkeit Frauen unbedingt vollends entlassen werden müssen. Dieses Ziel ist seit der Ausdifferenzierung des Arbeitsmarktes und der personalen und politischen Freiheit für Frauen das vordringliche. Alles Flirten mit dem angeblich so schönen *Zuhause-Bleiben* zwischen Kind und Hund und Garten führt geradewegs ins Aus, was die Vollendung der Gleichberechtigung betrifft, und hält den Prozess der Emanzipation auf.

Insofern ist es eine Frechheit, wenn heute noch konservative Politiker Geldzahlungen für Mütter durchsetzen wollen (und das auch noch schaffen), die ihre Kinder »zuhause erziehen«, also eine *Herdprämie* ausloben, damit Frauen nach der Geburt eines Kindes die *Wahl* hätten zwischen *Zuhause-Bleiben* und *Arbeiten-Gehen*, und damit so tun, als schüfe eine solche »Wahl« zusätzliche Freiheit. Es wäre keine unschuldige Wahl zwischen zwei Lebensformen, sondern eine »Wahl« zwischen Mittelalter und Neuzeit, zwischen Leibeigenschaft und Freiheit der Person, zwischen Rückfall und Fortschritt. Jede Frau, die sich für das Zuhause-Bleiben entscheidet,

schließt sich selbst von den über den Arbeitsmarkt ver-
mittelten modernen Versicherungsleistungen inklusive
Rente aus sowie von der gesellschaftlichen Bedeutung,
die eine Berufstätigkeit mit sich bringt und die heute
auch Frauen offensteht. Da jemand anders für sie arbeiten gehen muss, bleibt sie abhängig und stellt damit ihre
persönliche Emanzipation aufs Spiel. Es führt mittlerweile auch für Frauen kein Weg daran vorbei, mittels
einer vernünftigen Ausbildung Zutritt zum Arbeitsmarkt anzustreben und einen Beruf auszuüben.

Die Frage, die sich gleichwohl stellt, was denn mit Müttern sei, die es nicht über sich bringen, im ersten Lebens-
jahr ihres Kindes wieder ins Büro zu gehen und das
kleine Wesen »fremd« betreuen zu lassen, muss anders
beantwortet werden als mit einer – stets im Almosen-
bereich angesiedelten – Herdprämie. Die Situation einer
frisch entbundenen Mutter ist immer eine besondere, für
ihre Biografie, für ihr Kind und für ihr Umfeld. Rücksicht ist geboten, und es ist unumgänglich, großzügige
Mutterschutzzeiten einzurichten. Wenn eine Frau über
diese Zeiten hinaus mit ihrem Baby zusammensein und
deshalb ihrem Arbeitsplatz fernbleiben will, so muss
ihr das ermöglicht werden, gerade so, wie unterneh-
mungslustigen Männern auf höheren Posten Sabbaticals
und Urlaube für Weltreisen oder fürs Bücherschreiben
zugestanden werden, damit sie hinterher umso erholter
und wie neu geboren an ihren Arbeitsplatz zurückkehren können. Mütter sollen wählen können – aber nur
zwischen Einhaltung der gesetzlichen Mutterschutzfrist
oder einem längeren arbeitsfreien Zeitraum, bei dessen
Finanzierung ihnen der Staat und die Arbeitgeber entgegenkommen müssen. Und *niemals* zwischen Beruf und
Kinderstube. Das *ist* keine Alternative mehr. Für das
garantierte Grundeinkommen, derzeit erneut in der Diskussion, fänden sich hier zusätzliche Argumente.

Die Situation Alleinerziehender insbesondere verlangt nach guten Ganztagsbetreuungen. In eine solche Infrastruktur, wie sie in Skandinavien und Frankreich zum Alltag gehört, wäre das Geld zu investieren, das als Herdprämie noch verschleudert wird. Die Ausbildung der betreuenden Personen wird schon verbessert, Kenntnisse in Entwicklungspsychologie und Pädagogik sind derzeit auch für Krippenbetreuungspersonal unabdingbar. Jetzt muss sich nur noch herumsprechen, dass ihnen höhere Gehälter zustehen. Dann werden auch Männer in diese Berufe gehen. Und es wird bald niemand mehr das hässliche Wort »Fremdbetreuung« in den Mund nehmen.

Die Frage nach den Personen, welche die Hausarbeit übernehmen, wenn künftig alle Frauen des Morgens aus dem Hause eilen, um ihren Geschäften nachzugehen oder ihre Büros, Ateliers und Labors aufzusuchen, schließt sich an. Vielleicht Roboter? Immerhin hat sich mit der Technifizierung großer Teile der Hausarbeit gezeigt, dass keineswegs so viel Weiblichkeit und so viel Seele nötig ist, um Wäsche zu waschen oder den Boden zu kehren, wie man einst versucht hat, Frauen einzureden. Es gibt ja Menschen, die Hausarbeit gern tun, Frauen und Männer. Kochen ist inzwischen eine Art Breitenhobby, die Männer stehen im Eifer dabei den Frauen nicht nach, im Gegenteil. Das passt doch. Die Arbeitszeit muss eh verkürzt werden angesichts der Knappheit von Arbeitsplätzen, also verlängert sich der Feierabend, und all jene, die Hausarbeit mit Freude verrichten, werden ihre Chance wahrnehmen. Der Rest wird auf ein Outsourcing angewiesen sein, wie wohl überhaupt die Arbeit, die rund um den Haushalt anfällt und die bei einem berufstätigen Paar andernfalls liegen bliebe, an aushäusige Profis ausgelagert werden muss. All das ist eine Frage der Organisation und der Finanzierung und keine Frage des Geschlechtes.

Schauen wir jetzt wieder in die Arbeitswelt. Was ändert sich, wenn Frauen dort hineinströmen und gar Leitungsfunktionen übernehmen? Sie tun das nun schon länger – und geändert hat sich vieles, ob durch die Frauen oder durch andere Faktoren zeitgleich mit deren Präsenz dort, ist schwer zu sagen. Die Erwartung der diskutierenden Öffentlichkeit ging in Richtung auf bessere Stimmung, freundlicheren Umgang, gebändigtes Konkurrenzverhalten und softeren Führungsstil, wenn Frauen dabei sind. Die Realität war dann eher enttäuschend, da sich keine radikal veränderte Generallinie abzeichnete, seit die Arbeitswelt weiblicher geworden ist. Und da, wo Wandlungen deutlich wurden, wie zum Beispiel beim Siegeszug des Teamworks, der verbesserten Kommunikation und der flacheren Hierarchien, war wohl eher der Versuch erfolgreich, Demokratie auch in Betrieben und Institutionen zu verankern, als die Zunahme weiblicher Beschäftigung. Jedenfalls kann man die Wandlungen nicht eindeutig zuordnen. Es gibt knallharte Chefinnen, die sich für Frauenförderung null interessieren und ihre männlichen Untergebenen herumscheuchen, es gibt Frauen in Spitzenpositionen, die sich als Mentorinnen für die nachwachsende qualifizierte Frauengeneration bewähren und das Betriebsklima verbessern. Es gibt im Berufsleben stehende Frauen, welche die sehr vernünftige und nötige Ungleichheitspolitik der *(Frauen-)Quote* ablehnen, und andere, die sie befürworten. Allgemein gesprochen: Die oft wiederholte Feststellung der feministischen Bewegung, Frauen seien keineswegs die besseren Menschen, hat sich auch in der Arbeitswelt bestätigt. Frauen müssen ja auch nicht besser sein, um gleiche Chancen zu beanspruchen. Es genügt, wenn sie – im Schnitt – genauso gut sind wie Männer. Und das haben sie längst bewiesen.

So leicht aber lässt sich die verbreitete Hoffnung auf mehr Freude an der Arbeit vermittels weiblicher

Partizipation nicht stillstellen. Immer wieder poppt die Frage auf: Was ist mit der durch das Geschlecht bedingten Andersartigkeit? Darf die nicht positiv zu Buche schlagen? Können Frauen nicht mehr Wärme, mehr Rücksicht und mehr Gleitzeit in die Betriebe bringen? In Einzelfällen tun sie das bestimmt. Generell aber sollte man auf solche Gewinne aus der Ungleichheit nur mit Vorsicht setzen. Denn es ist eben so, dass sich viele Aspekte der Andersartigkeit, wenn Frauen genauso in die Räume der äußeren Welt hinausschwärmen wie Männer, von selbst erledigen. Besonders rücksichtsvoll kann eine Frau, die Karriere machen will, nicht immer sein. Man muss sich damit abfinden, dass der Gewinn aus dem *Recht auf Erwerb* vielleicht nur darin besteht, dass Frauen selbstständig werden und ihr Leben mit eigener beruflicher Qualifizierung und Tätigkeit gestalten können, unabhängig von der einst übermächtigen patriarchalischen Struktur. Das ist eigentlich auch genug. Insofern aber dieser Zugewinn an Gerechtigkeit der gesamten Gesellschaft guttut, indem die Herrschaftsstruktur gelockert und Gleichheit befördert wird, ist ja doch *mehr gewonnen* als ein bloßer Zuwachs an Freiheit für Frauen. Die gesamte Gesellschaft profitiert von diesem Plus an Autonomie für das weibliche Geschlecht. Oben-unten-Strukturen, Herrschaft und die Bereitschaft zu kuschen werden weniger und bringen zugleich die Emanzipation lange unterdrückter Minderheiten in Fahrt.

Das hat sich bei der Schwulenbewegung gezeigt, es zeigt sich bei anderen früher diskriminierten Gruppen wie Behinderten, Migranten, psychisch Kranken. Sie alle treten heute selbstbewusster auf. Was die Integration von Migranten betrifft, so gibt es allerdings einen wunden Punkt. Die dafür zuständige Politik hat allzu lange versäumt, auf das vor-neuzeitliche Frauenbild von Zuwanderern einzuwirken. Es wird zwar nicht dazu kommen, dass auf die Familie verwiesene verhüllte Migrantinnen die Gleichberechtigung bedrohen. Aber das Einschleppen der patriarchalischen Gehorsamskultur in die avancierten westlichen Gesellschaften bedeutet auch keine Beschleunigung des Prozesses der Emanzipation. Der Irrtum unserer Politik besteht in dem Glauben, dass das Verhältnis von Mann und Frau Privatsache sei und man Zuwanderern aus Weltteilen, in denen in Bezug auf die Geschlechterbeziehung noch Mittelalter herrscht, in Ruhe lassen solle. Man muss auch in diesem Punkt Anpassung an *unsere Werte* verlangen. Das dürfen vor allem die westlichen Frauen erwarten, die auf eine lange Geschichte der Kämpfe um ihre Unabhängigkeit zurückblicken und denen man nicht zumuten sollte, jetzt wieder von Male-Chauvinisten scheel angesehen zu werden, weil sie arbeiten gehen oder kinderlos bleiben wollen. Es kann die Befreiung der in patriarchalischen Strukturen unterdrückten Frauen nur das Werk dieser Frauen sein. Die westlichen Emanzipierten aber, die ihr Werk schon zu einem Gutteil getan haben, verdienen es, dass ihr gleichberechtigter Status gegen die Abschätzigkeit rückständiger Neubürger resolut verteidigt wird. Die Ewiggestrigen in unseren westlichen Gesellschaften, die es immer noch gibt und die mit dem Erfolg rechtspopulistischer Bewegungen und Parteien Rückenwind verspüren, sind ebenso gemeint.

Was sich im Arbeitsleben in Zukunft ändern muss – zu dieser Frage haben Frauen nun noch einiges zu sagen. Denn auf ihren Schultern ruht immer noch, das hat die Soziologie erforscht, der größere Batzen Mühsal mit der häuslichen und Erziehungstätigkeit. Die Usancen in Betrieben, denen zufolge sich ein Arbeitnehmer, auch und erst recht eine Führungskraft, als Einbauteil eines Gefüges aus Sachzwängen zu verstehen hat und – befördert durch die digitale Kommunikationstechnik – oft rund um die Uhr für das Unternehmen da sein muss, sind auf den Mann zugeschnitten und setzen die Hausfrau und Familienmutter voraus, die daheim alles regelt. Die vierzig Jahre alte Analyse von Elisabeth Beck-Gernsheim: *Männerwelt Beruf, Frauenwelt Familie*, ist für das Verständnis der Situation immer noch sehr aussagekräftig. Nicht nur Frauen und Männer, auch Betriebe müssen heute umdenken und von einem Mitarbeiter oder einer Mitarbeiterin ausgehen, der oder die selbst alles regelt, von der Kinderbetreuung bis zur Pflege der Oma, und außerdem arbeiten geht. Die Programme dafür sind längst in der Welt, aber viele Arbeitgeber verharren in einer seltsamen Trägheit und verlassen sich lieber auf die alten Zuständigkeiten, als beherzt umzusteuern und mit flexiblen Arbeitszeiten, Betriebskindergärten und Ermutigung ihrer männlichen Angestellten, in Elternzeit zu gehen, Zeichen für die Emanzipation zu setzen. Und hier stockt sie denn auch immer wieder. Die Frau, das Kind im Arm, macht vorm Betriebstor kehrt, weil sie sich nicht verschleißen und zerreißen lassen will. Der Mann nimmt, leicht irritiert, aber dann doch mit mittlerer Zufriedenheit seine alte Rolle als Ernährer wieder ein. So sieht es in weiten Teil der Gesellschaft steigender Frauenerwerbsquote zum Trotz aus. Doch das wurmstichige Modell von der Hausfrau und dem Arbeitsmann hat starke Konkurrenz bekommen. Frauen wollen aufsteigen, Männer ihre Kinder aufwachsen sehen. Bisher sind das Absichtserklärungen mit noch zu schwachen praktischen Folgen. Aber auf der Seite des Gegenmodells und des beginnenden Umdenkens in der Arbeitswelt winken die Zukunft und auch der Fortschritt im Prozess der Emanzipation.

Kapitel 10: Schönheit

Es gibt eine Kraft im menschlichen Zusammenleben, die auf besonders krasse Unterschiede im Verhalten der Geschlechter verweist und zu der die Frauenbewegung deswegen auch ein ambivalentes Verhältnis hat – gemeint sind der weibliche Narzissmus, die Freude an der erotischen Selbstinszenierung von Frauen, und die strategische Entschlossenheit der diesen Bestrebungen angelagerten Industrien, Profit zu machen, also die geballte Marktmacht der Kosmetik- und Modefirmen, der Fitness- und Diätanbieter, der Haarstylisten, Schmuckdesigner, Schönheitschirurgie. Dieser Komplex wird Beauty-Industrie genannt, er hat während der vergangenen Jahrzehnte enorm expandiert. Man muss wohl von einer ausgeprägten Neigung des weiblichen Geschlechtes sprechen, die eigene Erscheinung herauszuputzen und Zeit und Geld und Fantasie zu investieren, um auf den Bühnen der Straßen und Restaurants, der Geschäfte und Großraumbüros, der Politik und der Medien, der Diskos und Bars und Partys als eine möglichst attraktive Person zu imponieren. Im Grunde ist es begrüßenswert, wenn das ästhetische Empfinden sich verfeinert und auch der eigenen Gestalt gilt. Es ist aber ja immer eine Frage des Maßes und der Proportion, ob frau im Sinne der Emanzipation sagen kann: Gut so!, oder doch lieber: Stopp. Der Abstand zwischen den Geschlechtern, was die Bereitschaft betrifft, die letzten Ressourcen auf der Jagd nach den Attributen der Schönheit zu verpulvern, scheint sich stetig zu vergrößern. Während

Frauen mit Liftings, Brust-OPs, Fitnesswahn und Hungerkuren bis an die Grenze zur Selbstzerstörung gehen, lehnen sich die Männer zurück und zeigen lässig ihren Bauch. Das sollen sie tun dürfen – aber warum erlauben Frauen sich das nicht? Warum wird ihr Wille, die Ungerechtigkeit der Natur »zu korrigieren«, wie es immer heißt, und das vorenthaltene Ebenmaß zu kaufen, zu konstruieren, herbeizuzwingen, koste es, was es wolle, immer wilder?

Man muss zugeben: Auch bei Männern lässt sich seit etwa einer Generation eine verstärkte Sensibilität beobachten, was ihr Aussehen angeht; sie wissen, dass es auch darauf ankommt, aber dieses »auch« hat Gewicht. Die Abhängigkeit der Männer von dem Blick, der auf sie fällt und ihnen signalisiert: Du bist schön oder du bist es nicht, du bist es wert oder du bist es nicht, du bist willkommen oder du bist es nicht, hält keinen Vergleich mit der entsprechenden Abhängigkeit aufseiten der Frauen aus. Dass sich Männer heute ganz gerne mal die Haare tönen, ein gutes Parfüm wählen und öfter darauf achten, dass ihr Sakko sitzt, liegt wohl eher an den allgemein gestiegenen Ansprüchen in Bezug auf optische Valeurs als an einer Änderung in den Macht- als Geschlechterverhältnissen. Es gibt auch Frauen, denen es wurscht ist, wie sie aussehen, es gibt Frauen, die dies signalisieren und trotzdem eine beachtliche berufliche Karriere hinlegen. Das spricht dafür, dass die Gesellschaft allmählich lernt, auch bei Frauen die ästhetisch-erotische Persönlichkeit von der funktional-leistungsfähigen zu trennen (was sie bei Männern immer macht), und ist insofern ein gutes Zeichen. Einigen wir uns darauf, dass die männliche Minderheit, die schön sein will und ein entsprechendes Pfauengehabe an den Tag legt und die es, vor allem in der homosexuellen Subkultur, immer gab, ein wenig größer geworden ist. Und dass die weibliche Minderheit, der ihr Erscheinungsbild gleichgültig ist – die gab es auch immer –, an Selbstbewusstsein hinzugewonnen hat, weil ihre restlichen Qualitäten eher anerkannt werden. Es bleiben die Mehrheiten: Die weibliche ist entweder spielerisch-gelassen oder aber nervös-selbstdestruktiv um ihr Aussehen besorgt und wendet ein Gutteil ihrer Mittel auf dessen Pflege. Die männliche Mehrheit ist, was Figur und Mode betrifft, eher unbedarft bis völlig gleichgültig. (Das war in der höfischen Kultur ganz anders, wir bewegen uns jetzt aber in unserer Zeit.) Der Mehrheit der Männer scheint es weitgehend egal zu sein, wie sie optisch wirkt, und sie rechnet nicht damit beziehungsweise wünscht es keineswegs, dass Blicke sie verfolgen. Dieser große Unterschied zwischen den Geschlechtern hat sich seit den 1970er Jahren nicht verändert, er ist eher noch größer geworden, was man an den wachsenden Umsätzen der Schönheitsindustrie sowie aus dem medialen Dauerfeuer in Sachen weiblicher Attraktivität: Werbung, Castingshows, »Promi«-Klatsch, entsprechende Internetforen, unschwer ablesen kann. Dass auch Männer zu diesen Umsätzen beitragen, haben wir erörtert und lassen wir jetzt beiseite. Wir fragen: Wie kommt es zu der enormen Schieflage zwischen den Geschlechtern, was die Nötigung zur Attraktivität betrifft, und was bedeutet sie?

Auf den ersten Blick sieht es so aus, als hätten Frauen das Zeige-Gen, den angeborenen Hang zum Exhibitionismus: Schaut her, ihr Männer, wie schön wir sind. Und als hätten Männer das Hinschau-Gen, den angeborenen Hang zum Voyeurismus: Zeigt euch, schöne Frauen, wir wollen euch sehen. Lange glaubte man, dass es sich so verhalte. Inzwischen wissen wir, dass es so einfach nicht ist, dass die Verteilung der Vorzeige- und Schaulust sich *nicht* entlang den X- oder Y-Chromosomen ordnet, sondern ein kulturelles Fundament hat, das wahrscheinlich sehr alt ist und deshalb natürlich erscheint. Der Mann, sagte man einst, wird durch den Anblick weiblicher Schönheit entflammt, woraufhin er loszieht, um die Traumfrau zu erobern. Während die Frau ... Sie interessiert sich, als Mensch, der die Kinder bekommt, mehr dafür, ob der Mann auch gut für sie sorgt, ob er stark ist und sich durchsetzen kann, sie ist also nicht auf (männliche) Schönheit angewiesen, um zu entflammen, weshalb Männer auch aussehen können, wie sie wollen. Wer so argumentiert, setzt bereits eine Sozialstruktur mit Hierarchie – die Männer herrschend, die Frauen abhängig – voraus, so kommen wir nicht weiter. Es versteht sich von selbst, dass Frauen, wenn sie ihre Existenz nur sichern können, indem sie einen Mann dazu bringen, sie zu versorgen, ihm das zeigen, was er sehen will, und bei ihm auf das achten, was für ihre Existenzsicherung eine Rolle spielt. Aber könnte das nicht heißen, dass die Sinnlichkeit der Frau trotzdem existiert, dass sie nur unterdrückt wird und darauf wartet, im Leben mitspielen zu dürfen? Alle Versuche, die »attraktiven« Merkmale eines nicht schönen Mannes zu erotisieren – nach dem Motto: Macht ist sexy oder »Geld macht sinnlich« –, gehen insofern an der Sache vorbei, als die Strategien mancher Frauen, ihre Schönheit einzusetzen, um Sicherheit oder gar Reichtum zu gewinnen, nichts darüber aussagen, wie sie sich in den Armen eines unattraktiven Geldsacks wirklich fühlen. Wir können davon ausgehen, dass Frauen ebenso wie Männer von körperlicher Schönheit angezogen werden, dass aber die soziale Rollenverteilung zwischen den Geschlechtern es den Frauen bis vor Kurzem untersagt hat, beim Anblick eines schönen Mannes loszuziehen, um ihn zu erobern. Manche Frauen haben das einst wie jetzt trotzdem getan, wenn auch auf Schleichwegen und mittels verstohlener Winkelzüge, offen jagen durften Frauen nicht (Vergleiche Phaidra in Euripides' Drama

Hippolytos). Das ist anders geworden, und überall tun Frauen schon mal den berühmten ersten Schritt. Tun sie ihn aber wirklich um der Schönheit eines begehrten Mannes willen?

Es gibt ja immer mal wieder Umfragen zu diesem Thema. Seit Jahrzehnten kommt dasselbe Resultat heraus: Fragt man Frauen nach den Attributen ihres Wunschpartners, so rangieren Eigenschaften wie Verlässlichkeit, Ehrlichkeit, Treue und Humor ganz oben. Gutes Aussehen kommt etwa auf Platz sechs. Fragt man Männer nach den Eigenschaften der idealen Partnerin, so nennen sie als erstes – nein, Schönheit sagen sie nicht, das klänge ihnen wohl zu pathetisch, sie wollen auf dem Teppich bleiben. Sie sprechen von attraktiv, schlank, blond, jung, sexy – wer das nicht ist, braucht sich gar nicht erst zu melden. Irgendwann auf Platz sechs kommt dann der gute Charakter. Diese Ungleichheitsverteilung ist leicht zu interpretieren. Frauen suchen in der Partnerschaft erst mal Halt, Sicherheit und Anerkennung. Sie formulieren ihre Wünsche aus einer Position der Schwäche, sie möchten nicht belogen und betrogen werden und auch mal lachen können. Männer formulieren ihre Wünsche aus einer Position der Stärke. Sie wollen wählen, und die Palme (sprich: Heiratsantrag) gebührt natürlich der Hübschesten. Sie fühlen sich wie der junge Paris, als er vor drei Göttinnen stand, aufgerufen, die schönste zu küren. Was die Partner/in-Wunsch-Umfragen betrifft, stecken wir, scheint's, alle noch im 18. Jahrhundert oder sogar in der Antike fest.

Aber auch, wenn wir andere Indikatoren als die meist unsicheren Umfragen hernehmen, wie die schon erwähnte steigende Nachfrage nach all den kleinen oder größeren bis einschneidenden Mitteln, das Erscheinungsbild zu optimieren, es dem herrschenden Ideal anzunähern, so ergibt sich kein ermutigenderes

Resultat. Wenn man den weiblichen Narzissmus deuten kann als Ausstellung der ästhetischen und erotischen Potenz mit dem (mehr oder minder expliziten) Ziel, einen Verehrer, einen Liebhaber oder einen Ehemann zu finden oder auch nur täglich Selbstbestätigung zu beziehen aus den anerkennenden Blicken der Männer, dann liegt der Schluss nahe, dass sich die weibliche Existenz noch nicht sehr weit aus der Abhängigkeit oder dem Kielwasser der männlichen sozialen Überlegenheit herausgearbeitet hat. Und wenn wir die Verachtung, mit der viele, sehr viele Männer ihr eigenes Erscheinungsbild strafen, als Gleichgültigkeit gegenüber den erotischen Erwartungen des anderen Geschlechtes interpretieren dürfen, weil es nur *sie, die Männer,* sein wollen und sollen, die *wählen* (und nicht etwa gewählt werden), da ihre Existenz eben letztlich *nicht* davon abhängt, ob sie von einer Frau begehrt werden, dann liegt der Schluss nahe, dass Männer nach wie vor ihr interessantes soziales Leben mit *anderen Männern* führen, als Kollegen, Konkurrenten, Klienten, Kumpeln und Gegnern, dass ein Gutteil ihrer libidinös-narzisstischen Bedürfnisse hier gestillt werden, wo Aussehen unwichtig ist im Vergleich zum Auftreten (und wo die Furcht davor, als homosexuell zu gelten, Männer eher noch davon abhält, sich zu schmücken). Frauen dürfen in ihrem Leben vorkommen, und dafür gehen Männer sogar zum Frisör oder ziehen ein besonders gut sitzendes Sakko an, denn sie müssen damit rechnen, dass auch Frauen Augentiere sind. Frauen können sehr wichtig für sie werden, aber das muss nicht sein. Ein Mann kann ein erfülltes Leben führen, kann seinen Ehrgeiz befriedigen und Großes leisten oder auch als Leistungsverweigerer zu sich selbst finden, ohne sich dauerhaft auf eine Frau einzulassen. Warum also soll er sich täglich in Schale werfen?

Diese Interpretationen des weiblichen und des männlichen Verhaltens in puncto Schönheit sind einseitig, überzogen und zugespitzt, sie lassen keine Zwischentöne oder Abschattierungen zu, welchletztere in der Wirklichkeit mit ihrer Vielfalt von Haltungen und Neigungen immer eine große Rolle spielen, dennoch sind sie gerade als Zuspitzungen aussagekräftig. Sie sagen aus, dass sich im Mainstream des Verhaltens von Männlein und Weiblein, wenn Aussehen und Auftreten und die erotische Wahl ins Spiel kommen, seit vierzig Jahren nicht sehr viel geändert hat. Dieses Verhalten lässt immer noch den deprimierenden Schluss zu, dass die ihr Äußeres pflegenden Frauen in erster Linie einen Mann finden wollen und die ihr Äußeres vernachlässigenden Männer in erster Linie darauf aus sind, mit anderen Männern auf die Pirsch zu gehen. Und es im Übrigen von Frauen nicht erwarten, dass sie an etwas anderem interessiert sein könnten als an ihrem, der Männer, Erfolg auf dieser Pirsch.

Nun ist es ja so, dass Schönheit für Frauen nicht nur im erotischen Kontext, sondern auch im Arbeitsleben wichtig ist. Die hübsche Frau hat beim Vorstellungsgespräch von vornherein bessere Karten, so heißt es zumindest. Also könnte der Selbstoptimierungswahn auch aus der Sorge um berufliches Fortkommen herrühren – und nicht bloß dem Männerfang gelten. Das würde das Szenario mit der Emanzipation eher versöhnen. Allerdings schließt sich die Frage an: Warum muss eine Systemanalytikerin schön sein? Doch nur, damit die Kollegen einen erfreulichen Anblick haben, mit ihrer Stellenbeschreibung hat ihr Aussehen erst mal nichts zu tun. Es geht ja gerade darum, dass Frauen im Arbeitsleben als Leistungserbringerinnen und eben nicht als Geschlechtswesen gesehen werden, dass eine wohltuende Neutralisierung Platz greift, die es überhaupt erst ermöglicht,

Frauen als gleich leistungsfähig einzuschätzen. Männer nun, auch Arbeitgeber, wehren sich gerne gegen diese Neutralisierung, sie wollen Frauen aller Emanzipation zum Trotz weiterhin als (sie möglicherweise erregende) Frauen wahrnehmen und nicht als Neutra. Sie sind es seit Tausenden von Jahren so gewohnt. Es führt aber kein Weg um eine funktionsbezogene Abstraktion vom Geschlecht herum (also um die Bereitschaft von Arbeitgebern, eine Frau einzustellen, die eine gute Buchhalterin ist und sich nicht schminkt) – um genau *dieselbe* Abstraktion, die Männer auch bei Männern vornehmen, wenn sie mit ihnen zusammenarbeiten oder sich mit ihnen auseinandersetzen und die ihnen dann ganz leicht fällt. Außerhalb der homosexuellen Milieus empfinden Männer einander nicht als Geschlechtswesen, wenn sie sich zum Beispiel im Arbeitsleben begegnen. Dasselbe Kunststück müssen sie jetzt auch bei Frauen vollbringen, wobei es ihnen natürlich freigestellt werden muss, manch eine Kollegin nach Feierabend mit anderen Augen zu sehen.

Fallweise gehört Schönsein für eine Frau zur beruflichen Qualifikation. Auf einer Modelschule ist das so, auch, wenn frau Tagesschau-Ansagerin werden möchte. Aber sonst? In der Politik, wo es überall Laufstege und Podien gibt, muss frau nicht schön sein, das wäre vielleicht sogar hinderlich. In den Wissenschaften ist es genauso, und auf den Chefetagen der Wirtschaft braucht man Powerfrauen und keine Modepuppen. Man kann also die jungen Karrierestarterinnen von heute beruhigen: Dass ihr Aussehen gleich beim Vorstellungsgespräch darüber entscheidet, ob sie eine Chance erhalten, ist ein Mythos, in die Welt gesetzt von Männern, die es nicht fertigbringen, ihren Blick auf Frauen, der sie immer nur als mögliche (oder unmögliche) Bettpartnerinnen wahrnimmt, zu ändern. Ferner bleibt ja auch bei der

Bestimmung der Kriterien, die Schönheit ausmachen, ein starker subjektiver Anteil. Das heißt: Die Meinungen darüber, was oder wer schön sei, gehen auseinander. Und doch gibt es so etwas wie eine Grundübereinstimmung. Bei der Nofretete zum Beispiel zögert niemand mit seinem Urteil. Sie ist nicht nur ein Beispiel für Schönheit, sondern ein Inbegriff.

Die Schönheitsindustrie mag solche Betrachtungen nicht, sie behauptet, dass jeder Mensch schön sein kann: Sie oder er müsse nur die richtigen Wässerchen und Make-ups und Schuhe kaufen. Diese Lüge ist längst durchschaut. Die Benutzung von Mascara und Lippenstift ist auch ein Spiel, eine Maskerade, ein Ritual, an dem Millionen von Frauen sich beteiligen – nicht so sehr, weil sie glauben, sie seien jetzt endlich wirklich schön, sondern im Bewusstsein, dass die aufgehübschte Fassade vom »richtigen« Mann sowieso durchschaut wird. Außerdem neigen Frauen – nicht anders als Männer – zum Narzissmus im engeren Sinn: Sie wollen schön sein allein für sich selbst. Der Appellcharakter aber, der jedem stark geschminkten Antlitz eignet, steht dazu in Widerspruch. Der sich allerdings auflöst, wenn man es so sieht: Eine Frau, die alles dafür getan hat, als attraktiv zu gelten, fühlt sich im Besitz einer wichtigen Ressource. Wann und wo sie diese nutzt, liegt ganz bei ihr.

Unser Resümee sieht erst einmal so aus: Die Ungleichverteilung von Verschönerungsbestrebungen aufseiten der Geschlechter, die Bereitschaft der meisten Frauen, viel Geld und Zeit zu investieren und selbst gesundheitliche Integrität zu opfern, um schöner zu werden, einerseits, die lässige Unbekümmertheit der meisten Männer um ihr Aussehen andererseits, sie sprechen leider dafür, dass Frauen ihr Lebensziel immer noch vordringlich im Finden eines passenden Mannes sehen, dass sie, der verbesserten Chancen in Ausbildung und

Beruf zum Trotz, ihr Lebensglück an eine Partnerschaft binden. Das ist wohl tatsächlich so und heißt, dass die Abhängigkeit im erotischen Feld nicht gleich verteilt ist und noch eine gute Strecke Emanzipation zu bewältigen bleibt. Männer ihrerseits pflegen die seit Jahrtausenden eingeübte Abspaltung ihrer erotischen Person zugunsten der Profilierung jener Identitätsanteile, die in der öffentlichen, beruflichen und sonstwie vorwiegend mit anderen Männern bevölkerten Lebenswelt wichtig sind, fröhlich weiter. Dass sich die Kluft zwischen Männern und Frauen, was das Schönsein-Wollen betrifft, in den letzten Jahrzehnten womöglich vergrößert hat, bedeutet aber auch wieder nicht, dass die Stufen der Emanzipation, die wir glauben erreicht zu haben, pure Illusion sind. Die Vergrößerung der Kluft dürfte auch damit zu tun haben, dass die involvierten Industrien im Verein mit den Medien immer aggressiver zu Werke gehen. Ein anderer Grund für die Stockung der Emanzipation auf ästhetischem Feld könnte in der Abwehr der Männer liegen, welche die Zumutung, in Frauen noch etwas anderes sehen zu sollen als erotische Objekte, nicht ertragen und deshalb darauf bestehen, dass auch die funktionalen Räume der Öffentlichkeit und Berufstätigkeit Frauen nur dann aufnehmen, wenn sie schön sind. Und die deshalb vor allem die junge Generation dazu anstacheln, alles für die Schönheit zu tun. Aber das ist ein Rückzugsgefecht.

In dem Ungleichheitsszenario von den sich zeigenden Frauen und den hinschauenden Männern gibt es einen blinden Fleck: die Sinnlichkeit der Frauen. Deren Entwicklung gehört ja auch in das Programm der Emanzipation. Man hat Frauen in der Vergangenheit abverlangt, ihr nicht-narzisstisches Schönheitsempfinden zu verleugnen und möglichst einen Mann zu nehmen, der reich ist und Status besitzt, egal wie er ausschaut. Manchmal auch mussten Frauen heiraten, ohne ihren Zukünftigen gesehen zu haben. Dieses Los traf auch Männer, aber die hatten dann noch jede Menge außerehelicher Gelegenheiten, ihre erotische Schaulust zu befriedigen. Frauen blieben aufs Haus und auf den Ehemann beschränkt. Aber da Zweigeschlechtlichkeit existiert, *damit* Männer und Frauen in Beziehung treten, also im erotischen Feld *beide* voneinander abhängen (nicht nur die Frauen von den Männern), haben sich die Männer bei dieser Unterdrückungsstrategie weiblicher Sinnlichkeit ins eigene Fleisch geschnitten. Ihr Narzissmus blieb unentwickelt, ihre Zeigelust verkümmerte. Viele wissen nicht, wie es ist, wenn ein begehrender Blick sie trifft, und sie wollen es auch nicht wissen. Diese Ignoranz ist ein hoher Preis. Er müsste nicht mehr entrichtet werden.

Wenn man auf alten Bildern und Stichen sieht, wie großartig sich Männer zur Zeit des Barock, aber auch noch im 19. Jahrhundert gestylt und aufgehübscht haben, wundert man sich, dass ihnen das alles so abhandenkommen konnte. Menschen aus der Zukunft, die sich Gruppenfotos von heutigen Vorstandssitzungen oder Ministerrunden ansehen, werden die Köpfe schütteln über das dunkle Einerlei, in das die Herren gewandet sind. Die wenigen Farbflecken, die es auf solchen Bildern gibt, stammen von den Alibifrauen. Wenn man diesen in der ganzen westlichen Welt virulenten Verzicht der Männer auf eine erotische Selbstdarstellung interpretieren will, kommt man an der Idee der Uniform nicht vorbei. Die Gruppenfotos jedenfalls, auf denen Männer in identischen Anzügen mit identischen Hemden und gleichförmig dezent gemusterten Krawatten gleichmütig in die Kamera starren, wecken den Gedanken an eine Truppe. Als habe das Jahrhundert der Weltkriege, das 20., ihnen ein für alle Mal aufgetragen, zusammenzuhalten und ihre erotische Person in irgendeine außerzeitliche Sphäre zu verbannen. Die männliche Jugend ist schon anders drauf, aber das meiste, was sie an Abwechslung in Bekleidungs- und Selbstdarstellungsstilen zu bieten hat, geht in Richtung Sport, wo letztlich auch wieder die Uniform dominiert.

Frauen dürfen ihre Reize in der Öffentlichkeit präsentieren; kürzlich war der Bauchnabel, neuerdings ist der Busenansatz freigegeben. Es gibt Kritik an dieser Offenheit, auch vonseiten zugezogener Migranten, die darauf bestehen, dass weibliche Schönheit nur dem Ehemann zu Gesicht kommen dürfe und dem Rest der Welt verborgen bleiben müsse. Sie sehen westliche Frauen als der Ausbeutung durch Beauty-Konzerne und männliche Gaffer ausgesetzt. Hiesige Honoratioren aus ländlichen Regionen, die noch auf Kirchgang bestehen, denken ähnlich. Diese Leute begreifen nicht, dass das Sich-zeigen-Dürfen ein wichtiges Stück weiblicher Freiheit ist, das Frauen zu verteidigen haben, und dass das Argument von der Ausbeutung der weiblichen Reize nicht weit trägt. Zwar ist es richtig, auf die Macht der Beauty-Industrien und der für Leitbilder zuständigen Medien zu verweisen, aber die Kritik daran muss von den Frauen selber kommen, sie kann nicht von Männern durchgesetzt werden. Frauen sind lange genug Mündel gewesen. Die freie Verfügung über ihren Körper schließt die Verfügung über dessen Abbild und Show-Wert ein. Wenn dem weiblichen Publikum die nächste Folge von *Topmodel*, noch eine Diätmode oder Autowerbung mit halb entblößten Mädchenpopos auf die Nerven geht, muss es das selbst vortragen und einen Wandel fordern.

Was alle Probleme letztlich überlagert, die Frauen mit ihrer Schönheit und den Möglichkeiten, sie zu steigern, haben können, ist die vitale Freude am Sich-Zeigen, die schon kleine Kinder haben und die erwachsenen Frauen über viele Jahrhunderte mit allen möglichen Vorschriften vergällt worden ist. Ob das Zeige-Gen bei Frauen stärker vorkommt als bei Männern, können wir hier offen lassen; entscheidend ist, dass Frauen die Chance haben, sich zu präsentieren: Im Zeichen der Emanzipation betrifft dieses Sich-Zeigen ihre Befähigungen und Leistungen in allen gesellschaftlichen und beruflichen Bewährungsfeldern. Aber sie bleiben ja, wenn sie eine Lehre abschließen oder sich habilitieren, Geschlechtswesen, sosehr sie den männlichen Kollegen auch beibringen müssen, dass die vornehmlich auf ihre Kompetenzen zu schauen haben. Zu den Räumen, die Frauen erobern wollen, gehören auch die Räume der offenen und öffentlichen Präsentation ihrer Körper. Dass wir hier eine Ungleichheit haben, insofern sich Männer diese Präsentation ihrer Körper lieber verkneifen, womöglich, weil sie sich immer noch als Krieger sehen, muss Frauen nicht aufhalten. Es gibt wenig, was die Lebensfreude eines Menschen so ausbrechen lassen kann, wie ein glückhaftes Wahrgenommen-Werden als Körper. Freiheit macht glücklich, bewundernd angeschaut werden erst recht.

Man kann also den unbändigen Wunsch von Frauen nach einem attraktiven Erscheinungsbild noch anders deuten. Die Emanzipation ist in Schwung gekommen, sie ist weit gediehen. Warum also sollten sich Frauen mit ihrem Schönheitsprogramm gerade heute wieder den Männern als Augenschmaus andienen wollen und ihre Zukunft vom Wohlgefallen eines Partners abhängig machen? Das ist gar nicht sehr wahrscheinlich. Es könnte sein, dass etwas anderes hinter dem Schönheitswahn steckt, und zwar die pure, nahezu zweckfreie Freude am ästhetischen Selbst. An der Anerkennung, gar Ehrfurcht, die der Schönheit immer gebührt, egal wes Geschlechtes sie ist. Dass die Beauty-Industrien mit ihrem Versprechen, jede Frau könne schön sein, eine barmherzige Lüge in die Welt gesetzt haben, ist im Grunde jeder und jedem klar. Solange der Schönheitskult mit einem Mehr an Freiheit einhergeht, kann er auch seine spielerische und ironische Seite hervorkehren. Wenn er selbstdestruktiv wird, muss frau das anprangern. Das geschieht ja. Immer mal wieder haben pummelige Schauspielerinnen Erfolg, und die Transgender-Debatten unterminieren die Leitbilder. Der noch in den 1950er Jahre verbreitete Slogan »Ein Frau wird erst schön durch die Liebe«, womit alte Abhängigkeiten wiederbelebt werden sollten, ist jedenfalls out. Heute wird frau schön durch die Emanzipation. Es ist denkbar, und es wäre erfreulich, wenn die Frauen die Investition in ihr Erscheinungsbild als eine Art Selbstfeier verstünden, als wohlverdiente Belohnung für die Mühen ihres Aufbruchs. Wer schön sein will, muss leiden, sagte man früher. Heute könnte es heißen: Wer gekämpft hat, darf sich schön machen.

Fazit

Der Slogan »Viel zu langsam viel erreicht« kam zu Beginn unseres Jahrtausends in einer Frauengruppe auf und sollte besagen, dass die Emanzipation seit der Neuzeit zunächst im Schneckentempo vorangekommen, dann aber, heute, zur unveräußerlichen Gleichberechtigung fortgeschritten sei. Das ist so, und das ist großartig. Es steckt aber noch mehr in dem Slogan. Er will das Augenmerk auf eine in sich gegenläufige Bewegung lenken: Während die Emanzipation vorangeht, stockt sie auch immer wieder, und während sie anscheinend sogar zurückgeht, treibt der Imperativ Vorwärts! umso dringlicher zu neuen Taten an. »Viel erreicht« in Verbindung mit »zu langsam« heißt auch: Es ist womöglich mehr erreicht worden, als im Augenblick verkraftet im Sinne von: *gelebt* werden kann. »Es widerstrebt mir, etwas zu loben, was so unvollkommen ist«, sagte die Feministin Marie Sichtermann in einer Diskussionsrunde, sie meinte den Stand der Frauenbewegung. Die feministische Dynamik von zwei Schritten vorwärts und einem, manchmal auch drei wieder zurück ist quälend und die Musik, die diese inverse, zugleich hinkende und springende Bewegung begleitet, disharmonisch. Die Emanzipation ist nötig und zugleich eine Überforderung. Sie ist befreiend und hat hohe Kosten. Sie ist eine Sache der Frauen und hat jede Menge Auswirkungen auf die Männer. Sie betrifft ein Verhältnis und ist deshalb in ihren Konsequenzen schwer abschätzbar. Sie mischt sich in das Leben der Einzelnen ein und wirkt in der ganzen Gesellschaft. Sie nervt, und sie beglückt. Zu ihren Gegnern gehören auch Frauen und zu ihren Betreibern auch Männer. Sie ist nicht allein durch Gesetzgebung zu befördern, sie zielt vor allem auf Verhaltensänderungen der Menschen und Umsteuern in den Institutionen. Deshalb ist sie privat und politisch zugleich. Deshalb hört man immer wieder: Es ist doch alles auf den Weg gebracht, und: Es muss viel mehr geschehen. Dieser offenkundige Widerspruch ist kein Makel und kein Zeichen für ein Scheitern, er gehört dazu. Heute ist es so weit gekommen, dass die Rahmenbedingungen im Groben stimmen, die Ausführungsbestimmungen im Einzelnen nachgebessert werden müssen und die Verhaltensänderungen zu wünschen übrig lassen. Drauflosleben können wir immer noch nicht.

Es heißt öfters, dass Frauen ihre beruflichen (und damit auch ihre politischen und gesellschaftlichen) Chancen zu wenig wahrnähmen. Im Falle eines Falles brächten sie sich vor den Härten des konkurrenten Arbeitslebens lieber in Sicherheit, zögen mit ihrem Eheliebsten an den Stadtrand, sorgten für den Nachwuchs und den Hausfrieden, um dann nach der »Familienphase« auf einer schlecht bezahlten Halbtagsstelle zu versauern. So steige frau natürlich nicht auf und gewinne kein Ansehen und keinen Status, zu schweigen von der Rente und anderen geldwerten oder immateriellen Prämien einer echten Karriere. Ist da was dran? Ja, aber es nützt nichts und ist unfair, auf den subjektiven Faktor, die Frauen, mit Vorwürfen loszugehen. Träge und lebenshungrig sind die meisten Menschen, der Weg des geringsten Widerstandes ist immer verlockend. Nein, was Frauen und damit die Emanzipation davon abhält, voranzukommen, sind Hindernisse struktureller Art: die Betriebsklimata in den meisten Institutionen der Arbeitswelt, die neoliberale Vergötzung des Wettbewerbs, die Akzeptanz der Ellenbogenmentalität, das Fehlen von Ganztagsschulen und die *Verdichtung der Arbeit*, die das Haupthindernis darstellt für die viel diskutierte *Vereinbarkeit* von Beruf und Familie. Hier müssen die Veränderungen stattfinden, dann trauen sich die Frauen auch und haben nicht mehr das Gefühl, zerrieben und zerrissen zu werden. Ähnlich sollte frau auf den Vorhalt reagieren, dass Lohnunterschiede zwischen Männern und Frauen mit dem mangelnden Verhandlungsgeschick weiblicher Arbeitnehmer zusammenhingen. Woher soll das Geschick kommen bei einer vergleichsweise so kurzen Erfahrung mit dem Arbeitsmarkt? Sinnvoller ist es, generell mehr Transparenz bei der Einkommensverteilung zu fordern, dann ist das Problem ganz schnell vom Tisch. Mit einem Wort: Es ist der Arbeitsmarkt, der sich stärker auf die Frauen einstellen muss, nicht umgekehrt.

Aber die Enttäuschung mancher Feministin angesichts der endlosen Weibchen-Renaissancen in den Medien und in der Werbung, der vielen Hochzeiten in Weiß, von denen man hört und liest, der strahlenden und intriganten Vorstadtweiber in TV-Serien sowie Heerscharen von *sexy girls* in Castingshows, angesichts all der Zeichen dafür, dass Frauen nach wie vor bereit sind, mit ihren alten Rollen mindestens zu liebäugeln und ein möglichst bequemes Leben an der Seite eines besser verdienenden Ehemanns zu führen, ist auch wieder verständlich und begründet. Das altfeministische Programm für die Befreiung der Frauen lässt sich eben nicht so einfach beiseite wischen. Es sieht folgendermaßen aus: Wenn es mit der Emanzipation vorangehen soll, müssen Frauen ihre *Alleinzuständigkeit* für Kinder und Häuser und Konsum nachdrücklich und vollständig und rückstandslos *aufgeben*. Und zwar zugunsten eines Projektes, das ihnen durch eigene Arbeit Initiative, Gründung, Leistung, Geltung und nach Möglichkeit sogar Frauensolidarität den Lebensunterhalt sichert. Wohlgemerkt: Aufgeben sollen sie nur die Alleinzuständigkeit! Eine *Teilzuständigkeit* bleibt ihnen, bleibt allen. Das *Projekt* nun, das außerhalb dieser sogenannten *Reproduktionstätigkeit* in der Familie liegt, muss keine Berufstätigkeit im Rahmen des sogenannten Normalarbeitsverhältnisses sein. Frau kann einen Laden aufmachen, eine Erfindung anmelden, ein Theater gründen, ein IT-Startup oder eine Lebensmittelkooperative – es muss nur ihr Selbststand gesichert sein, denn der ist der Schlüssel zur Emanzipation. Die alte Funktionsteilung: Mann verdient Geld, Frau sorgt für die Reproduktion der Gattung und der Familie, hat als Lebenssinn für Frauen, als Muster für das Zusammenleben der Geschlechter und als soziales Fundament für die Entwicklung der modernen Gesellschaften ausgedient. Alles, was an Reproduktionsarbeit nach wie vor anfällt, muss entweder mit den Männern geteilt und nebenher erledigt oder aber an Profis ausgelagert werden. Anders geht es nicht. Das klingt hart. Sollen denn Frauen, die gerne Hausfrauen sind und sich ganz ihren Kindern widmen wollen, daran gehindert werden? Natürlich nicht, aber sie sollen wissen, dass sie durch eine solche Entscheidung ökonomisch, sozial und psychisch abhängig werden und von der ebenso herausfordernden wie erfüllenden Lebensweise, die bislang Männersache war, ausgeschlossen bleiben. So weit die altfeministische Position.

Ihr harter Kern bleibt bestehen. Die Realität bringt, wie es ihre Art ist, Kompromisse und Zwischenschritte hervor, Experimente und Übergangslösungen, die sich nicht immer in Gesetzesform gießen lassen und oft prekär sind, die aber lebensgeschichtlich für die einzelne Frau das Richtige sein können. Programme für eine Emanzipation von Bevölkerungsgruppen, ob das nun die Arbeiter sind, die Schwulen, die Farbigen oder die Frauen, sind in ihren Anfängen meistens radikal und erarbeiten erst nach und nach eine Politik der kleineren Schritte. So ist womöglich für die Frauen ein *garantiertes Grundeinkommen* eine weitaus bessere Bedingung ihres Fortschritts in der Gesellschaft als noch so viele Gleichstellungsinitiativen.

Dass Männer im Vergleich zu Frauen am Arbeitsmarkt mit so viel besseren Chancen und überhaupt souveräner auftreten, lässt sich ganz und gar aus der Vorgeschichte erklären. Dazu brauchen wir keine Hormone und keine Gehirnhälftenarchitektur. Nehmen wir die höheren Ränge. Wir dürfen davon ausgehen, dass die berühmten Netzwerke wirklich funktionieren und Männer sich meist schon zu Beginn ihres Aufstiegs auf ihre Mentoren verlassen können. Sie müssen niemals so strampeln wie aufstiegswillige Frauen. Und wenn sie, die Männer, dann dort angekommen sind, wo sie hin wollten, sorgen sie dafür, dass genug Zeit bleibt für Golfspiel und Clubabende und Networking. Harte Arbeit im Sinn von Schweiß und Stress leisten vor allem die mittlere und untere Ebene, auf denen als stark belastete Hilfskräfte immer auch Frauen präsent waren. Wer eine Spitzenkarriere gemacht hat, schuftet nicht, er trägt Verantwortung. Hier sind Frauen noch selten beteiligt. Aber sie kommen hinzu. Die Hoffnung, dass Frauen mit ihrer primär sachbezogenen Einstellung – Männer sind primär networking- und prestigebezogen – das Arbeitsleben in Richtung Effizienz auffrischen könnten, wenn sie erst mitmischen, könnte berechtigt sein. Aber das ist Spekulation.

Was Räume, Bezogenheit und Macht betrifft, so hängen alle Einschränkungen, denen Frauen auf diesen Feldern unterworfen sind, davon ab, inwieweit sie die besagte Alleinzuständigkeit loswerden, abwerfen, verweigern beziehungsweise, um es positiv auszudrücken, einen Selbststand erreichen, der ihnen Räume, nicht-familiäre Bezogenheiten und Machtformen einträgt, die vordem nur Männern zukamen und die übrigens Frauen, wenn sie sie erringen, auch in ihrer Substanz verändern können. Eine neue, geschlechtergerechte Welt wird für Frauen und Männer ein tieferes Durchatmen an allen Wendepunkten der individuellen Lebensgeschichten ermöglichen, weil die Spuren von Herrschaft, die uns heute noch überall in den Poren sitzen, getilgt sein werden. Weil über dem ganzen einerseits demütigen und andererseits hochmütigen Theater, das die Geschlechter unterm Zeichen des Patriarchats aufführen, der Vorhang gefallen sein wird. Es ist aber möglich, dass sich danach andere Herrschaftsformen herausbilden – nur werden sie nicht mehr vorab durch das Geschlecht vorgezeichnet sein.

Diese Perspektiven sind, was die globale Szenerie betrifft, ein Sonderfall. Weltweit gesehen ist das Patriarchat ganz gut in Form, es ist aber zu beobachten, dass sich in jenen Weltgegenden, in denen es auf dem Rückzug ist, in Europa und Amerika, der ökonomische, technologische, politische und kulturelle Fortschritt ereignet. Jede, jeder kann das sehen. Es ist insofern rätselhaft, warum die Eliten in jenen Ländern, die unter ihrer eklatanten Rückständigkeit in all diesen Belangen ächzen, also der Orient, aber auch weite Teile Afrikas und Asiens, den Zusammenhang zwischen Fortschritt und Frauenemanzipation nicht erkennen und beherzt umsteuern, um ihren Töchtern, um allen Frauen Bildung und Berufstätigkeit zu ermöglichen. Zugleich ist es interessant zu sehen, wie viel den herrschenden Machtcliquen in den armen Ländern ihre patriarchalen Privilegien bedeuten – denn die sind der einzige ersichtliche Grund, warum Frauen in einem Land wie zum Beispiel dem Iran nicht längst den Schleier für immer abgeworfen haben. Es ist die Androhung von Gewalt, die sie daran hindert. Die Religion ist immer nur Vorwand und Matrize für alle Interpretationen, die männliche Vorherrschaft legitimieren. Es geht nicht um den Glauben, sondern um Macht und Herrschaft hässlicher alter Männer über schöne junge Frauen.

Geht uns das hier im Westen etwas an? Ja, die Globalisierung ist nur ein anderes Wort dafür, dass es uns etwas angeht. Dazu kommen die Erfolge rechtspopulistischer Parteien in den Kernländern der Emanzipation, die für Frauen nichts Gutes verheißen und offen davon sprechen, dass ihnen das Selbstbestimmungsrecht der Frauen über ihren Körper, sprich die Straffreiheit des Schwangerschaftsabbruchs, ein Dorn im Auge ist. Wir Feministinnen erinnern uns bei dieser Gelegenheit daran, dass wir in Deutschland keine Fristenlösung haben, das heißt, dass theoretisch immer noch Talar- und Soutanenträger über die Lebenswege von Frauen bestimmen können. Wir erinnern uns daran, wie fragil Frauenrechte sind und wie nötig es ist, für sie einzutreten, sie auszugestalten, für die Zukunft anzureichern und immer wieder nach oben auf die Prioritätenliste zu setzen. Und wenn es noch so sehr danach aussieht, als sei alles gut. Dass es so aussieht, ist erfreulich. Ob es so ist, muss stets neu geprüft werden. Ob es so sein wird, hängt von uns ab.

Literatur

Élisabeth Badinter, *Die Mutterliebe. Die Geschichte eines Gefühls vom 17. Jahrhundert bis heute,* aus dem Französischen von Friedrich Griese, München 1981

Simone de Beauvoir, *Das andere Geschlecht. Sitte und Sexus der Frau,* aus dem Französischen von Eva Rechel-Mertens und Fritz Montfort, Hamburg 1951

Elisabeth Beck-Gernsheim, *Das halbierte Leben. Männerwelt Beruf, Frauenwelt Familie,* Frankfurt/M. 1980

Pierre Bourdieu, *Die männliche Herrschaft,* aus dem Französischen von Jürgen Bolder, Frankfurt/M. 2005

Susan Brownmiller, *Gegen unseren Willen. Vergewaltigung und Männerherrschaft,* aus dem Amerikanischen von Ivonne Carroux, Frankfurt/M. 1978

Günter Dux, *Geschlecht und Gesellschaft. Warum wir lieben: Die romantische Liebe nach dem Verlust der Welt,* Frankfurt/M. 1994

Arnold Gehlen, *Moral und Hypermoral. Eine pluralistische Ethik,* Frankfurt/M. 1969

Ute Gerhard, *Frauenbewegung und Feminismus. Eine Geschichte seit 1789,* München 2012

Sabine Koloch, *Kommunikation, Macht, Bildung. Frauen im Kulturprozess der Frühen Neuzeit,* Berlin 2011

Robin Norwood, *Wenn Frauen zu sehr lieben. Die heimliche Sucht, gebraucht zu werden,* aus dem Amerikanischen von Sabine Hedinger, Hamburg 1987

Steven Pinker, *Gewalt. Eine neue Geschichte der Menschheit,* aus dem Amerikanischen von Sebastian Vogel, Frankfurt/M. 2013

Friedrich Schlegel, *Lucinde*, Frankfurt/M., Berlin, Wien 1980

Alice Schwarzer, *Der kleine Unterschied und seine großen Folgen*, Frankfurt/M. 1975

Barbara Sichtermann, *Ein freies Frauenzimmer. Caroline Schlegel-Schelling*, Berlin 2013

Marie Sichtermann, *Der zäheste Fisch, seit es Fahrräder gibt*, Königstein/Taunus 2003

Georg Simmel, *Aufsätze und Abhandlungen*, Frankfurt/M. 2000

Barbara Sichtermann, Jahrgang 1943, ist Journalistin und Schriftstellerin. Sie studierte Volkswirtschaft in Berlin und arbeitet seit 1978 als freie Autorin. Sie schrieb dreißig Bücher und erhielt verschiedene Preise, u.a. den Jean-Améry-Preis für Essayistik. Ihre Themen: Leben mit Kindern, Frauenpolitik und -bewegung, Medien, die Rebellion von 1968. Bekannt wurde sie als Fernsehkritikerin der *Zeit*. Zuletzt erschien von ihr: *Das ist unser Haus. Eine Geschichte der Hausbesetzung*, zusammen mit Kai Sichtermann.